Quick Guide

Quick Guides liefern schnell erschließbares, kompaktes und umsetzungsorientiertes Wissen. Leser erhalten mit den Quick Guides verlässliche Fachinformationen, um mitreden, fundiert entscheiden und direkt handeln zu können.

Weitere Bände in dieser Reihe http://www.springer.com/series/15709

Markus Reiter

Quick Guide Erfolgreiche Marketingtexte

Wie Sie mit gehirngerechten Texten mehr verkaufen

Markus Reiter
Klardeutsch.Markus Reiter
Stuttgart, Deutschland

Quick Guide
ISBN 978-3-658-26705-6   ISBN 978-3-658-26706-3 (eBook)
https://doi.org/10.1007/978-3-658-26706-3

Die Deutsche Nationalbibliothek verzeichnet diese Publikation in der Deutschen Nationalbibliografie; detaillierte bibliografische Daten sind im Internet über http://dnb.d-nb.de abrufbar.

Springer Gabler
© Springer Fachmedien Wiesbaden GmbH, ein Teil von Springer Nature 2019
Das Werk einschließlich aller seiner Teile ist urheberrechtlich geschützt. Jede Verwertung, die nicht ausdrücklich vom Urheberrechtsgesetz zugelassen ist, bedarf der vorherigen Zustimmung des Verlags. Das gilt insbesondere für Vervielfältigungen, Bearbeitungen, Übersetzungen, Mikroverfilmungen und die Einspeicherung und Verarbeitung in elektronischen Systemen.
Die Wiedergabe von allgemein beschreibenden Bezeichnungen, Marken, Unternehmensnamen etc. in diesem Werk bedeutet nicht, dass diese frei durch jedermann benutzt werden dürfen. Die Berechtigung zur Benutzung unterliegt, auch ohne gesonderten Hinweis hierzu, den Regeln des Markenrechts. Die Rechte des jeweiligen Zeicheninhabers sind zu beachten.
Der Verlag, die Autoren und die Herausgeber gehen davon aus, dass die Angaben und Informationen in diesem Werk zum Zeitpunkt der Veröffentlichung vollständig und korrekt sind. Weder der Verlag, noch die Autoren oder die Herausgeber übernehmen, ausdrücklich oder implizit, Gewähr für den Inhalt des Werkes, etwaige Fehler oder Äußerungen. Der Verlag bleibt im Hinblick auf geografische Zuordnungen und Gebietsbezeichnungen in veröffentlichten Karten und Institutionsadressen neutral.

Springer Gabler ist ein Imprint der eingetragenen Gesellschaft Springer Fachmedien Wiesbaden GmbH und ist ein Teil von Springer Nature.
Die Anschrift der Gesellschaft ist: Abraham-Lincoln-Str. 46, 65189 Wiesbaden, Germany

Über den Autor

Foto: Andreas Langen

Markus Reiter ist Schreibtrainer für Redaktionen, Unternehmen und Behörden. Zudem berät er Verlage und Redaktionen beim Launch und Relaunch von Zeitschriften, Online-Auftritten und Zeitungen.
Nach einem Tageszeitungs-Volontariat war Markus Reiter freier Mitarbeiter u. a. für das Deutsche Allgemeine Sonntagsblatt, die Neue Zeit und die Berliner Morgenpost, danach PR-Berater für Politik in europäischen Projekten. Von 1997 bis 2000 arbeitete er als Reporter und stellvertretender Chefredakteur von Reader's Digest Deutschland. 2000 bis 2002 war Markus Reiter Feuilletonredakteur der Frankfurter Allgemeinen Zeitung. Von Januar 2003 bis September 2006 wirkte er als Chefredakteur und Mitglied der Geschäftsleitung einer Stuttgarter Kommunikationsagentur.

Über den Autor

Markus Reiter hat als Schreibtrainer in mehreren hundert Inhouse-Seminaren den Teilnehmern klares und verständliches Schreiben nähergebracht. Einer seiner Schwerpunkte liegt seit einigen Jahren beim Schreiben fürs Web. Reiter ist auch Autor von mehr als einem Dutzend Fach- und Sachbüchern. Er ist als freier Mitarbeiter unter anderem für die Stuttgarter Zeitung und Fachmedien tätig.

Markus Reiter hat nebenberuflich einen Master of Cognitive Neuroscience (aon) erworben. Seine Masterarbeit bei Prof. Dr. Dr. Gerhard Roth befasste sich mit „neurolingistischen Parametern gehirngerechten Schreibens".

Reiter arbeitet als Dozent in der Aus- und Weiterbildung von Journalisten an mehreren Journalisten-Akademien, darunter der Burda-Journalistenschule, der Akademie der Deutschen Medien, der ARD-ZDF-Medienakademie, bei der Arbeitsgemeinschaft Journalistische Berufsbildung (JBB) der südwestdeutschen Zeitungsverleger und des DJV, beim Österreichischen Kuratorium für Journalistenausbildung und vielen anderen.

Reiter hat Politikwissenschaft, Volkswirtschaftslehre und Geschichte an den Universitäten Bamberg, Edinburgh und der FU Berlin mit Abschluss Diplom-Politologe studiert.

Kontakt: Markus Reiter, www.klardeutsch.de

Inhaltsverzeichnis

1 **Warum gute Texte wichtig sind** 1
  1.1 Textanalysen – Was soll mir das sagen? 7
  1.2 Zielgruppengerechtes Schreiben – Wer ist mein Leser? 11
  1.3 Das Geheimnis des Küchenzurufs 15
  1.4 Was macht Verständlichkeit aus? Das Hamburger Verständlichkeitsmodell 18
  1.5 Exkurs: Leichte Sprache 22
  1.6 Sieben Regeln für verständliches Deutsch 25
  1.7 Geschlechtergerechte Sprache 40
  1.8 Denglisch und Anglizismen 43
  1.9 Wie falsch darf Marketing-Deutsch sein? 50
  Literatur 63

2 **Gehirngerechte Texte** 65
  2.1 Die richtige Tonalität finden 66
  2.2 Wie das Gehirn Sprache verarbeitet 72
  2.3 Wörter, die Emotionen auslösen 76
  2.4 Wir denken in Bildern 92

	2.5	Framing und Priming	97
	2.6	Die magischen Zahlen	100
	2.7	Die wichtigsten Stilmittel	100
	Literatur		103

3 Erfolgreiche Online-Texte — 105
- 3.1 Sieben Regeln für webgerechtes Texten — 110
- 3.2 Texten für Suchmaschinen — 115
- 3.3 Schreiben für Social Media — 121
- Literatur — 125

4 Texte, die verkaufen — 127
- 4.1 Die umgekehrte Informationspyramide — 128
- 4.2 Der Call-to-Action — 132
- 4.3 Sieben Regeln für gute Texte — 134

1 Warum gute Texte wichtig sind

Inhaltsverzeichnis

1.1 Textanalysen – Was soll mir das sagen? 7
1.2 Zielgruppengerechtes Schreiben – Wer ist mein Leser? 11
1.3 Das Geheimnis des Küchenzurufs 15
1.4 Was macht Verständlichkeit aus? Das Hamburger Verständlichkeitsmodell 18
1.5 Exkurs: Leichte Sprache 22
1.6 Sieben Regeln für verständliches Deutsch 25
1.7 Geschlechtergerechte Sprache 40
1.8 Denglisch und Anglizismen 43
1.9 Wie falsch darf Marketing-Deutsch sein? 50
Literatur 63

> **Die drei Kernbotschaften dieses Kapitels:**
>
> - Texte müssen an ihre Zielgruppe angepasst werden.
> - Jeder Text muss einen Küchenzuruf haben.
> - Texte werden durch konkrete, kurze Worte in überschaubaren Sätzen verständlich.

„Mit der Umsetzung der 4. EU-Geldwäscherichtlinie in das nationale Geldwäschegesetz zum 26. Juni 2017 sind bezüglich des Verdachtsmeldewesens nach § 43 GWG die Anforderungen an Hintergrund, Zeitpunkt und Umfang von Geldwäscheverdachtsmeldungen aus Sicht der neu zuständigen Zentralstelle für Finanztransaktionsuntersuchungen nicht weniger geworden. Die zu übermittelnden Angaben decken sich zum Teil nicht mit den Ausführungen der Aufsicht. Zugleich unterliegen die qualitativen Anforderungen mit Blick auf den Bußgeldkatalog deutlich größeren Risiken."

Haben Sie auf Anhieb verstanden, was der Autor dieser Zeilen Ihnen sagen will? Fühlen Sie sich angesprochen? Hätten Sie jetzt so richtig Lust, an einem Seminar zu diesem Thema teilzunehmen? Haben Sie vielleicht sogar das Gefühl, ein solches Seminar könnte ein netter, unterhaltsamer Tag werden?

Mit Texten dieser Art sind wir täglich konfrontiert. Dieser kurze Auszug eines Werbetexts einer Weiterbildungsakademie aus dem Internet leidet unter zwei Problemen:

1. Er ist schwer verständlich. Das liegt an den Fachbegriffen, der Länge der Sätze und den grammatischen Konstruktionen.
2. Er ist unattraktiv. Statt anschaulich, konkret und zupackend zu formulieren, setzt der Autor (oder die Autorin) auf Informationsüberfrachtung. Die Formulierungen erwecken nicht von der ersten Zeile an die Aufmerksamkeit der Leser und sie sprechen nicht deren Emotionen an. Daher bleiben sie nicht im Gedächtnis haften.

Der amerikanische Verleger und Publizist Joseph Pulitzer (1847–1911) hat schon im 19. Jahrhundert auf den Punkt gebracht, was noch heute für gute Texte gilt:

> Was immer Du schreibst – schreibe kurz, und sie werden es lesen, schreibe klar, und sie werden es verstehen, schreibe bildhaft, und sie werden es im Gedächtnis behalten. (Joseph Pulitzer)

Diese drei Kriterien sind übrigens die Messlatte für jene Autoren aus Journalismus, Literatur und Sachbuch, die den renommiertesten Publizistikpreis der USA anstreben: den Pulitzer-Preis.

1 Warum gute Texte wichtig sind

Das Pulitzer-Zitat ist so etwas wie die Quintessenz dieses Quick Guides. Sie, liebe Leser, werden zum einen erfahren, wie Texte kürzer und klarer werden. So schaffen Sie es, Ihre Botschaften einem Kundenpublikum zu vermitteln, das nur wenig Zeit hat und noch weniger Lust, sich mit komplizierten Texten zu beschäftigen. Zum anderen werden Sie lernen, wie das Geschriebene im Gedächtnis der Leser verhaftet bleibt, wie es zudem deren Entscheidungen beeinflusst, Denken und Auffassungen bestimmt – und wie ein Text seine Leser in die eine oder in die andere Richtung lenken kann. Sprache dient nämlich nicht nur dazu, Informationen zu vermitteln, sie ist auch ein Instrument des sozialen Miteinanders und ein Mittel, andere Menschen zu beeinflussen. Einige Paläoanthropologen gehen davon aus, dass dies sogar ihre ursprüngliche evolutionäre Funktion war. Mit anderen Worten: Sprache war seit Anbeginn ein Marketing-Tool.

Viele Neurowissenschaftler haben in den letzten Jahrzehnten umfassend darüber geforscht, welche Wirkung Sprache auf das Gehirn ausübt. Die Erkenntnisse der Neurolinguistik decken sich in erstaunlichem Ausmaß mit dem, was Joseph Pulitzer vor fast 150 Jahren von seinen Autoren gefordert hat. Lange und komplizierte Sätze zum Beispiel überfordern unser Arbeitsgedächtnis. Das führt dazu, dass wir sie langsam, vielleicht sogar mehrfach lesen müssen – oder uns einfach entscheiden, nicht weiterzulesen. Abstrakte Begriffe wie innovativ und nachhaltig lösen in unserem Gehirn nicht gerade ein Feuerwerk an Assoziationen aus. Sie bleiben für den Leser kalt und leblos. Das lässt sich inzwischen im funktionalen Magnetresonanztomographen (fMRT), dem Gehirn-Scanner, nachweisen. Sie werden in diesem Buch mit vielen Beispielen dazu konfrontiert werden.

Aber warum noch Texte fürs Marketing schreiben? Lassen sich Kunden nicht mit Internetvideos und Podcasts viel besser ansprechen? Auf diese Fragen gibt es zwei Antworten:

Erstens gelten die Regeln der Verständlichkeit und der Anschaulichkeit auch für die gesprochene Sprache. Mag sein, dass ein 17-jähriger Influencer auf YouTube oder Instagram einfach drauflos plaudern kann und damit sogar an Authentizität gewinnt. Aber spätestens, wenn man mit einem Unternehmen offiziell in Kontakt tritt, sollte Schluss sein mit nervtötendem Geplapper. Das gilt natürlich erst recht in der Business-to-Business(B2B)-Kommunikation.

Zweitens bleibt der geschriebene Text das Mittel, um sich schnell, mühelos und ohne großen technischen Aufwand zu informieren. Wer sich über ein Produkt oder eine Dienstleistung rasch einen Überblick verschaffen will, schafft das durch das Lesen eines Texts viel einfacher als durch irgendein Video oder Tondokument. Diese Erfahrung kann jeder im Alltag selbst machen. Probieren Sie einfach aus, was effektiver ist: Informationen auf WhatsApp im Schreibmodus auszutauschen oder sich Tonaufzeichnungen hin und her zu schicken.

Das Fenster der Aufmerksamkeit unseres Gehirns ist klein. Der Neurowissenschaftler Ernst Pöppel, emeritierter Professor für Medizinische Psychologie an der Ludwig-Maximilians-Universität in München, bemisst den Zeitraum auf drei Sekunden (Pöppel 2006). Im Takt von drei Sekunden kann das menschliche Gehirn optimal Informationen aufnehmen und verarbeiten. Was lässt sich in drei Sekunden erfassen? Natürlich ein visueller Eindruck. Ein Bild. Ein kurzer Satz. Aber sicherlich keine Satzkonstruktion, die sich über vier, fünf oder sechs Zeilen zieht. Pöppel verweist darauf, dass bei vielen Musikstücken das Motiv drei Sekunden dauert und Gedichte mit Sequenzen von jeweils drei Sekunden arbeiten. Für das Schreiben von Marketingtexten heißt das: Ihre zentralen Botschaften müssen sich in knappen Aussagen zusammenfassen lassen, die das Gehirn in drei Sekunden verarbeiten kann.

Klar: Das heißt nicht, dass unser Gehirn für komplexere Botschaften unzugänglich wäre. Aber je mehr kognitive Last ein Text dem Gehirn aufbürdet, desto mehr Energie benötigt es, um die Botschaft zu *entschlüsseln*. Und desto weniger Energie bleibt übrig, um sie zu *verstehen*, also kognitiv zu verarbeiten.

Schwierige, schwer verständliche Texte bereiten dem Leser Mühe. So banal diese Einsicht klingt, so oft wird sie von Autorinnen und Autoren missachtet. Einfach zu schreiben ist keineswegs einfach. Der Journalistenausbilder, Sprachkritiker und Schreibtrainer Wolf Schneider hat einmal gesagt: „Einer muss sich immer quälen – entweder der Leser oder der Autor. Der Leser hat dabei eine simple Möglichkeit, seiner Qual ein Ende zu bereiten: Er kann aus dem Text aussteigen – etwas, was mit Sicherheit nicht im Interesse des Autors liegt. Deshalb ist es am Autor, sich zu quälen".

Und eine Qual ist es in der Tat, klar und verständlich zu schreiben. Sich an die Regeln, Tipps und Vorschläge zu halten, die Sie auf den folgenden Seiten erhalten, wird Ihnen einige Mühe bereiten (mir geht es jedenfalls selbst so). Es lohnt sich aber, denn aus der Leseforschung ist bekannt, dass gute Texte eine starke Wirkung auf ihre Leser ausüben.

Drei wesentliche Gründe sprechen dafür, entsprechende Mühe auf die Verständlichkeit von Texten zu verwenden.

1. *Verständliche Texte sparen dem Leser Zeit.* Neurowissenschaftler können inzwischen messen, wie lange es dauert, bis ein Text im Gehirn ankommt, verstanden und kognitiv verarbeitet wird. Je komplexer ein Text ist, desto mehr Zeit nimmt dieser Prozess in Anspruch. Zudem erkennt ein Leser, ob ein Text überfrachtet ist und Mühe beim Lesen bereitet. Vor allem im Internet, wird er sich stattdessen entscheiden, einfach weiterzuklicken.
2. *Verständliche Texte verhindern Missverständnisse.* In meinen Seminaren arbeite ich oft mit einigen schwierigen Texten, die als Übung dienen. Die Teilnehmer sind aufgefordert, sie in einfaches und verständliches Deutsch zu übersetzen. Vielfach benötigen sie zehn, sogar zwanzig Minuten, um eine kurze Passage zu überarbeiten. Das Ergebnis verblüfft: Denn bei besonders komplizierten Ausgangstexten hat jeder Teilnehmer seine eigene Interpretation, was der Autor ursprünglich gemeint habe könnte.
3. *Verständliche Texte verhindern Nachfragen der Adressaten.* In meinen Seminaren berichten immer wieder Teilnehmer (zum Beispiel aus der IT-Kommunikation), dass ihre Kollegen auf ihre E-Mails und Anweisungen oft mit Rückfragen reagieren – weil sie nicht verstanden haben, was man ihnen mitteilen wollte. Vereinzelt kommt es sogar vor, dass Autoren komplizierter Texte nach einiger Zeit selbst nicht mehr wissen, was sie ursprünglich sagen wollten. Ich verstehe übrigens fast nie die Schreiben meines Finanzamts wegen ihres nahezu unzugänglichen Deutschs.

Über die volkswirtschaftlichen Kosten schwer verständlicher Texte gibt es keine seriösen Zahlen. Wie will man auch feststellen, welche Geschäfte zum Beispiel nicht abgeschlossen wurden, weil die Marketingtexte des Unternehmens Murks waren? Immerhin lässt sich im Internet messen, wann User aus einem Text ausgestiegen sind – und welchen Text sie gar nicht erst zu lesen angefangen haben. Es lässt sich vergleichsweise einfach testen, ob ein besserer Text zum Beispiel die Konversionsrate erhöht. Genau das geschieht, wie unter anderem der Usability-Experte Jakob Nielsen herausgefunden hat.

> **So kompliziert können Texte sein**
>
> Hier kommt ein Zitat aus dem Buch *Verständlich-machen. Hermeneutische Tradition, historische Praxis, sprachtheoretische Begründung* des Linguisten Ulrich Biere. Es geht darin um Methoden des Verständlichmachens von Texten. Dazu stellt der Autor zwei Ansätze gegenüber, einen textoptimierenden und einen, dessen Vorzüge er wie folgt beschreibt:
>
> Alle genannten, am Konzept des Auslegers orientierten Formen des Verständlich-Machens, haben gegenüber textoptimierenden Ansätzen einen entscheidenden Vorzug: in keinem Fall findet eine reine Substitution unter Tilgung des substituierten Elements statt. Dadurch ist für den Rezipienten stets die Möglichkeit gegeben, die Verwendungsweise des unbekannten Elements, den ausgelegten Text, schließlich als solchen zu verstehen zu lernen, mithin seine Kompetenz zu erweitern.
>
> Haben Sie verstanden, was diese Passage bedeuten soll? In meinen Seminaren gelingt dies auf Anhieb fast keinem Teilnehmer. Etwas zugespitzt würde ich die zentrale Aussage in etwa so zusammenfassen: „Ein Text braucht vom Autor nicht verständlich geschrieben zu werden. Vielmehr soll sich der Leser ein bisschen anstrengen. So lernt er durch die Mühe, die er damit hat, etwas dazu". Zugegeben: Das ist eine etwas gemeine Version. Aber meines Erachtens trifft sie den Kern der Aussage. In diesem Buch vermittle ich Ihnen übrigens textoptimierende Ansätze – nicht zuletzt, weil bei Texten im Marketing die Geduld der Leser begrenzt ist.

Bildungsexperten und -praktiker beklagen seit einigen Jahren, dass junge Menschen nicht mehr ausreichend in der Lage seien, längere zusammenhängende Texte verstehend zu lesen. Der Präsident des Deutschen Lehrerverbands, Hans-Peter Meidinger, erklärte in einem Interview mit der Deutschen Presseagentur (dpa), dass Schüler Quellentexte oder literarische Texte nicht mehr verstehen. Das ziehe sich bis ins Studium, wo wissenschaftliche Texte nicht mehr verstanden würden und Studierende nicht mehr in der Lage seien, argumentative Texte zu verfassen. Er vermute einen negativen Einfluss durch Kurznachrichten, bei denen Rechtschreibung und Gedankenführung keine Rolle spielten. „Sie lesen halt keine Bücher mehr", sagte Meidinger.

Ähnlichen kulturpessimistischen Einschätzungen begegne ich in meinen Seminaren oft. Einige Teilnehmer argumentieren, man dürfe dieser Entwicklung nicht noch Vorschub leisten, indem man die mangelnde Lesefähigkeit durch sehr einfache Texte befördere. Das mag bildungspolitisch ein löbliches Unterfangen sein, für Marketing- und Vertriebstexte aber gilt schlicht: Der Köder muss dem Fisch schmecken, nicht dem Angler. Wenn sich Ihre Produkte oder Dienstleistungen nicht gerade an 60-jährige Oberstudienräte für Deutsch und Geschichte richten, ist schwieriges Deutsch kein Problem. Ansonsten muss sich die Sprache den realen, nicht den gewünschten Fähigkeiten der Zielgruppe anpassen.

1.1 Textanalysen – Was soll mir das sagen?

Wir werden im Alltag oft sowohl mit schwer verständlichen als auch mit phrasenhaften Texten konfrontiert werden. Hier zwei Beispiele:

Beispiel 1: Das Bundesamt für Steuern in Saarlouis informiert über eine zusammenfassende Meldung
Diese zusammenfassende Meldung (ZM) wird notwendig, wenn ein Unternehmen in einem anderen Land der EU steuerlich relevante Umsätze erwirtschaftet hat (einen solchen einfachen erklärenden Satz sucht man auf der Internetseite des Bundesamts übrigens vergebens). Die Autoren des Amts versuchen nun, sämtliche Informationen über die Abgabefrist in einen einzigen Satz zu quetschen.

> Die ZM ist bis zum 25. Tag nach Ablauf jedes Kalendermonats (Meldezeitraum) elektronisch an das BZSt zu übermitteln, wenn die Summe der Bemessungsgrundlagen für innergemeinschaftliche Warenlieferungen und Lieferungen im Sinne des § 25b Abs. 2 UStG im Rahmen von innergemeinschaftlichen Dreiecksgeschäften für das laufende Kalendervierteljahr oder für eines der vier vorangegangenen Kalendervierteljahre jeweils mehr als 50.000 € beträgt.

Ein normaler Steuerpflichtiger ist mit diesem Satz überfordert. Gern würde ich diesen Satz in verständlicheres Deutsch umschreiben, aber leider verstehe ich ohne meine Steuerberaterin so gut wie nichts davon. Übrigens: Meine Steuerberaterin hat mir kürzlich gestanden, auch sie habe bei den vielen Schreiben aus Saarlouis große Schwierigkeiten, den Sinn zu erfassen. Zum Glück haben die Landesfinanzminister inzwischen beschlossen, dass die Sprache der Finanzverwaltung bürgernäher werden muss – und das heißt: verständlicher.

Beispiel 2: Internetseite der Fraunhofer Academy
Viele Unternehmen sind jedoch nicht besser. Sie schwelgen oft in Phrasen. Hier ein Beispiel von der Internetseite der Fraunhofer Academy, das wir uns einmal genauer anschauen wollen.

> Die stetige technologische Fortentwicklung der Gesellschaft hat auch im Rahmen der Globalisierung und Digitalisierung weitreichende Wechselwirkungen von komplexen Systemen (z. B. Automotive oder moderne Produktionsanlagen) mit Mensch und Umwelt zur Folge.

Das dürfte so etwas bedeuten wie: „Die Technik schreitet wegen der Globalisierung und Digitalisierung voran. Systeme wie Autos und Fabriken verändern dabei Mensch und Umwelt". Das ist bestimmt nicht falsch, aber auch nicht schrecklich originell.

> Dabei ergeben sich Chancen und Fortschritte, aber auch eine Vielzahl von Risiken und neuen Fragestellungen, welche die Art und Weise betreffen wie verschiedenste sicherheitsrelevante Systeme konzipiert und modifiziert werden. Von der Entwicklung (teil)autonomer Maschinen und Produktionsmechanismen selbst in kleinen Unternehmen bis hin zur Konzipierung umfassender Kommunikations- oder Verkehrsstrukturen: Die Absicherung gegen gefährliche und unerwünschte Ereignisse ist dabei ein allgegenwärtiger Anspruch.

Man könnte dies auch so schreiben: „Das hat gute und schlechte Seiten. Zum Beispiel ist noch unklar, wie die Sicherheit der Systeme aussehen wird. Selbst kleine Unternehmen müssen sich überlegen, wie sie in

Zukunft sicher kommunizieren, wie sie ihre Versorgung und ihre autonomen Maschinen und Produktionen gegen Gefahren sichern".

Angesichts der Komplexität aktueller Sicherheitsfragen wird neben klassischer Risikoanalyseverfahren ein Blick über die unmittelbaren Grenzen des eigenen Wirkungsbereiches hinaus notwendig. Der Begriff der Resilienz meint dabei nicht nur die Identifikation und Prävention von möglichen Komplikationen, sondern beschäftigt sich vor allem mit der Frage danach, wie technische Systeme (z. B. U-Bahnen, Stromnetze, Produktionsstraßen) nach (Teil-)Ausfällen möglichst schnell wiederhergestellt werden können.

Liest sich die folgende Version nicht besser? „Diese Sicherheit herzustellen ist nicht mehr so einfach wie früher. Man spricht daher von Resilienz. Das bedeutet zwei Dinge: 1. Herausfinden, wo es zu Schwierigkeiten kommen könnte und wie sie zu verhindern sind. 2. Klären, wie technische Systeme (zum Beispiel U-Bahnen, Stromnetze, Produktionsanlagen) nach einem Ausfall schnell wieder funktionieren können."

Kommen Ihnen solche Texte wie die jeweiligen Originale vertraut vor? Kennen Sie sie vielleicht aus Ihrem eigenen Unternehmen? Es gibt drei Gründe, warum Menschen auf diese komplizierte, nicht am Leser orientierte Weise schreiben (Oppenheimer 2006).

1. Sie wissen es nicht besser. Vor allem die universitäre Ausbildung in Deutschland trimmt Autorinnen und Autoren darauf, sich kompliziert auszudrücken. Eine klare und verständliche Sprache gilt als nicht wissenschaftlich. Natürlich müssen sich Wissenschaftler einer Fachsprache bedienen, gerade, um klar und präzise zu sein. Alltagsbegriffe sind oft zu unklar, um sie im wissenschaftlichen Diskurs zu verwenden. Aber innerhalb dieser Wissenschaftssprache kann man sich dennoch um Verständlichkeit bemühen. Angelsächsische Autoren machen vor, wie das geht.
2. Sie wollen nicht verstanden werden. In der Politik, der Wissenschaft und im Geschäftsleben sind manche Dinge vielen zu heikel, um sie einfach und klar zu erklären. Manchmal möchte man den Kunden umnebeln, damit er oder sie die eine oder andere Unzulänglichkeit des Produkts oder der Dienstleistung nicht sofort erkennt. Auf lange Sicht ist dies keine gute Strategie. Inzwischen hat das sogar der Gesetzgeber

erkannt. In der Datenschutzgrundvorordnung zum Beispiel werden Unternehmen verpflichtet, ihre Datenschutzmaßnahmen in „präziser, transparenter, verständlicher und leicht zugänglicher Form in einer klaren und einfachen Sprache" zu vermitteln.
3. Sie wollen möglichst klug und kompetent wirken. Diese Leute sind auf dem Holzweg. Das Gegenteil ist der Fall, wie der Harvard-Professor David M. Oppenheimer in einer Studie nachgewiesen hat. Dem Wissenschaftler fiel auf, dass neun von zehn Studenten angaben, schon einmal einen Aufsatz sprachlich verkompliziert zu haben, um ihn intelligenter wirken zu lassen. Daraufhin testete er verständliche und künstlich verkomplizierte Aufsätze in drei verschiedenen Experimenten. Welchen Autor würden die Leser als intelligenter einstufen? Das Ergebnis war eindeutig: Komplizierte Texte schnitten durchweg schlechter ab; ihren Autoren wurde weniger zugetraut und sie wurden für weniger intelligent gehalten.

> **Wenn unverständliche Texte lebensgefährlich werden**
>
> Ein verquaster Marketingtext mag Kunden verärgern, aber seine Folgen bleiben überschaubar. Bedenklicher wird es, wenn schlecht formulierte Texte Leben gefährden. Darauf verweist eine Studie von Sprachwissenschaftlern der Heinrich-Heine-Universität in Düsseldorf. Sie haben rund 200 Hausärzte zu den Arztbriefen von Krankenhausmedizinern befragt. Das Ergebnis: 99 % gaben an, manchmal diese Dokumente nicht auf Anhieb zu verstehen; 88 % befürchten, dass unverständliche oder missverständliche Arztbriefe zu Behandlungsfehlern führen könnten.
>
> Besonders vage Formulierungen und lange Sätze erschweren das Verständnis. Manches wird unnötig kompliziert ausgedrückt. Die obere linke Extremität ist ganz einfach der linke Arm. Der Satz „Bei Zustand nach Schwindel mit nachfolgendem Sturz wurde eine Schwindeldiagnostik durchgeführt" ist geradezu unsinnig. In einfachem Deutsch könnte es heißen: „Der Patient stürzte, weil ihm schwindlig war. Daraufhin wurde eine Schwindeldiagnostik durchgeführt". An dem Satz „Bei ausgeprägter Hyperhidrosis im Rahmen einer nicht senkbaren Hyperthermie wurde der Patient engmaschig bilanziert" scheiterten auch die Hausärzte.[1]
>
> Eine frühere Studie der Universität Bielefeld hatte ergeben, dass über die Hälfte der Patienten die Informationen ihres Arztes nicht verstehen.

---

[1] „Fachchinesisch überfordert Mediziner", Stuttgarter Zeitung vom 24. April 2019, S. 8, sowie Pressemitteilung der Heinrich-Heine-Universität Düsseldorf

1.2 Zielgruppengerechtes Schreiben – Wer ist mein Leser?

Zugegeben: „Zielgruppengerechtes Schreiben" ist eine aufgeblähte Formulierung. Sie wird jedoch in vielen Behörden und Betrieben benutzt. Gemeint: So zu schreiben, dass es die Leserin interessiert – sie vielleicht sogar Spaß daran hat (wenn Sie an dieser Stelle über die weibliche Form gestolpert sind, blättern Sie bitte vor auf Abschn. 1.7 zu den Bemerkungen zum Gendern, der geschlechtsgerechten Sprache).

Deshalb steht am Beginn jedes Texts die Frage: Wer ist meine Leserin?
Natürlich kann es sein, dass es sich vornehmlich um einen Leser handelt. Allerdings habe ich häufig Diskussionen erlebt, in denen immer von „unserem Leser" die Rede war. Im Lauf des Gesprächs stellte sich heraus, dass sieben von zehn Kunden (oder gendergerecht formuliert: kaufenden Personen) Frauen waren.

Die Frage lässt sich in weitere Fragen unterteilen
Welches Vorwissen hat meine Leserin?
  Viele Autorinnen überschätzen, was andere Menschen über ihr Fachgebiet wissen. Was einem selbst aber ganz selbstverständlich erscheint, gleichsam als Teil des Allgemeinwissens, kommt anderen wie böhmische Dörfer vor.

> **Wenn einfaches Deutsch verlernt wird**
>
> Vor einigen Jahren hatte ich ein Seminar für die IT-Kommunikation einer großen Bank. In dieser Abteilung arbeiten Menschen, die die Texte der Computerexperten in lesbares Deutsch übersetzen, sodass die Mitarbeiterin in der Filiale in Bad Segeberg oder Vaihingen an der Enz versteht, was sie tun soll. Die meisten dieser IT-Kommunikationsexperten waren von Haus aus keine Informationstechniker, sondern Geisteswissenschaftler. Aber: Menschen sind lernende Wesen. Über die Jahre wurden die einstigen studierten Romanistinnen und Englischlehrer selbst IT-Experten. Es fiel ihnen immer schwerer, sich in die Lage der Kollegin am Schalter in Vaihingen/Enz zu versetzen. Im Seminar habe ich versucht, der Gruppe das Gefühl für die Grenzen der IT-Kenntnisse ihrer Kolleginnen und Kollegen zurückzugeben.

Welche Fachbegriffe versteht die Leserin – und welche nicht?
Hier gilt ähnliches wie beim Vorwissen. Fachbegriffe sind Teil einer Fachsprache. Wer sich mit einem Fach nicht oder nur am Rande beschäftigt, kennt die entsprechenden Begriffe oft nicht. Dabei beschränkt sich Fachsprache nicht auf wissenschaftliche Fachsprache. Nicht nur Ärzte und Juristen, sondern jeder Beruf hat seine eigene Fachsprache, auch Friseure und Maler, Kellerinnen und Schuhmacherinnen. Das gilt zudem für Hobbys, von Anglern bis Marathonläuferinnen. Gelegentlich kann es sinnvoll sein, in der Marketingansprache diese Fachbegriffe bewusst zu benutzen. Damit signalisiert man: Ich gehöre dazu! Ich spreche Eure Sprache! Das gilt besonders in der B2B-Kommunikation (auch das ist ein Fachbegriff, den Nichtmarketingleute oft nicht verstehen).

Zu den besonders häufigen Fehlern gehört es, firmeninterne Fachbegriffe als bekannt vorauszusetzen. In vielen Marketingunterlagen werden zum Beispiel bestimmte Systeme oder Eigenschaften eines Produkts mit den firmeninternen Bezeichnungen angepriesen. Dies gilt sowohl für die B2B-Kommunikation wie die Business-to-Consumer(B2C)-Kommunikation. Wer sich nicht in diese eigene Sprachwelt eingearbeitet hat, versteht oft kein Wort. Ich zum Beispiel habe bei Laufschuhen längst den Überblick über die unzähligen Dämpfungssysteme der einzelnen Hersteller verloren. Wer einen neuen Kunden gewinnen will, sollte nicht erwarten, dass diese sich erst ein Vokabelverzeichnis anlegen.

Welche Bildung hat die Leserin?
Es ist gar nicht so leicht, sich auf ein geringeres Bildungsniveau als das eigene einzustellen (umgekehrt natürlich auch nicht, aber da ist es einem schmerzlich bewusst). Viel zu selten machen sich Autorinnen von Marketingtexten darüber Gedanken. Viele dieser Texte sind daher über die Köpfe der Leserinnen hinweggeschrieben.

Autorinnen, die für Menschen mit einer geringen Bildung schreiben, sind zwei Gefahren ausgesetzt. Zum einen, dass sie zu anspruchsvolle Texte schreiben. Das ist die naheliegende Gefahr. So hat bei einem meiner Kunden, dessen Produkte sich vorwiegend an junge Frauen zwischen 16 und 20 Jahren richten, schon das Wort Belletristik in einem Post auf einem sozialen Netzwerk für Unverständnis und Ablehnung gesorgt.

Zum zweiten passiert es aber nicht selten, dass die Texte das Gegenüber nicht mehr ernst nehmen, man seine Leser für dumm verkauft oder mit Hochnäsigkeit behandelt. Die Betroffenen haben aber oft ein gutes Gespür dafür, ob die Tonalität passt.

Funktionaler Analphabetismus in Deutschland
Schreiben Sie Texte im B2C-Marketing für ein allgemeines Publikum? Dann sollten Sie bedenken, dass in Deutschland 6,2 Mio. Menschen zu den funktionalen Analphabeten gerechnet werden (Klein 2019). Das sind gut 12 % der erwachsenen Bevölkerung. Diese Menschen sind nicht in der Lage, einen längeren zusammenhängenden Text zu lesen und zu verstehen. Je nach Ausprägung können manche nur einzelne Wörter entziffern; andere hangeln sich mühsam durch kurze Absätze.

Mehr als die Hälfte der funktionalen Analphabeten sprechen Deutsch als Muttersprache. Ein ähnlich großer Anteil ist berufstätig (je ausgeprägter der Analphabetismus ist, desto seltener). Was noch überraschender ist: Ein kleiner Teil davon sind sogar Akademiker. Sie können also in vielen Fällen nicht sicher sein, dass Ihre Kunden nicht zu dieser Gruppe gehören.

Mehr noch: Etwa jeder vierte Deutsche ist wissenschaftlichen Studien zufolge so leseschwach, dass ihm Texte in Standarddeutsch Schwierigkeiten bereiten. Zusammengerechnet lassen sich vier von zehn Deutschen nur mit klaren, einfachen und verständlichen Texten erreichen. Das sind 20 Mio. Menschen, so viele wie die Bundesländer Bayern, Hessen, Saarland und Sachsen-Anhalt zusammen Einwohner haben.

Wissenschaftler und Praktiker haben u. a. für funktionale Analphabeten eine sehr stark vereinfachte Schriftsprache entwickelt, die als Leichte Sprache bezeichnet wird. Mehr dazu in Abschn. 2.5.

In welcher Lesersituation befindet sich meine Leserin vermutlich?
Wer abends auf dem Sofa gern Romane von Thomas Bernhard liest (die für ihre mäandernden Sätze berühmt sind), erwartet nicht die gleiche sprachliche Herausforderung von der Broschüre eines Geschäftskunden oder von einem Marketing-Newsletter. Wie wir im 3. Kapitel noch ausführlicher besprechen werden, lesen viele Menschen inzwischen auf dem Smartphone. Sie befinden sich dabei vielleicht in der U-Bahn oder zwischen zwei Meetings – oder sie lesen in einem Meeting heimlich unterm Tisch. Auf jeden Fall sind sie oft nicht voll konzentriert. Das müssen Sie als Autor bei Ihren Texten berücksichtigen.

Wie viel Zeit hat die Leserin?
Diese Frage hängt eng mit der Lesesituation zusammen. Vor allem wenn sich das Geschriebene an Führungskräfte richtet, sollte dieser Faktor bedacht werden. Vielen Texten mangelt es an einer Struktur, die eiligen Lesern entgegenkommt. Falls es nötig erscheint, die Zusammenhänge ausführlich zu erläutern, empfiehlt sich ein Textaufbau, bei dem das Wichtigste am Anfang steht. So kann der Leser die Kerngedanken erfassen, Wer sich vertieft informieren will, liest bis zum Ende. Sich an Lesern mit wenig Zeit zu orientieren, ist übrigens an schwierige Entscheidungen gebunden, nämlich: Was lasse ich weg? Wo vereinfache ich? Je besser man sich in einem Thema auskennt, umso schwerer fallen einem diese Entscheidungen.

Welchen Mehrwert hat die Leserin von der Lektüre?
Niemand will seine Zeit mit Texten verplempern, die am Ende keinen Mehrwert haben. Wenn man es trotzdem tut (weil man ja zunächst nicht weiß, ob zum Schluss nicht doch etwas dabei herauskommt) ärgert man sich nach der Lektüre – was keine gute Voraussetzung für einen wirkungsvollen Marketingtext ist. Deshalb sollte man sich als Verfasser den Mehrwert vorher überlegen. Möglich wären:

- Der Text verrät etwas Neues. Er erhält Informationen, die man bislang nicht hatte und die den eigenen Horizont und das Wissen erweitern.
- Der Text liefert die notwendigen Fakten, um eine Entscheidung zu treffen, zum Beispiel etwas zu kaufen.
- Der Text enthält etwas Nützliches. Die Informationen helfen dabei, Aufgaben schneller, effektiver und mit mehr Freude zu erledigen.
- Der Test regt zum Nachdenken an. Er vertritt zum Beispiel eine provokante These, die einen veranlasst, eine Sache mit anderen Augen zu sehen – selbst wenn man der Ansicht des Verfassers nicht zustimmt.
- Der Text unterhält. Es macht einfach Spaß, ihn zu lesen und vertreibt die Langeweile. Besonders in den sozialen Medien gibt es viele Texte, die diese Aufgabe als ihre wichtigste ansehen. Im Marketing wird ein unterhaltsamer Text natürlich immer, oft unterschwellig, eine Botschaft vermitteln.

> **Übung: Schreiben für eine Zehnjährige**
>
> Die folgende Übung erweist sich in meinen Seminaren für die Teilnehmer als sehr aufschlussreich:
> Bitte schreiben Sie einen kleinen Text, in dem Sie einer Zehnjährigen Ihre Arbeit erklären! Was ist Ihre Aufgabe? Welchen Sinn hat sie? Was tun sie genau? Wie gehen Sie dabei vor? Was müssen Sie dazu wissen?
> Es zeigt sich, dass die Seminarteilnehmer automatisch bestimmte Methoden anwenden, die auch bei einem erwachsenen Lesepublikum sinnvoll sind – natürlich um den gelegentlich mütterlichen oder väterlichen Ton bereinigt. Dazu gehören:
>
> - Sie bemühen sich um eine einfache Sprache. Sie benutzen kaum Fremdwörter, erklären Fachbegriffe, schreiben kurze, übersichtliche Sätze. Damit treffen Sie mal mehr, mal weniger das Sprachniveau einer Zehnjährigen. Aber selbst wenn sie darüber liegen, werden Ihre Texte zumindest für Erwachsene verständlich.
> - Sie greifen nach Beispielen aus der Lebenswelt von Kindern. So finden sich oft Formulierungen wie „das ist wie bei deinem Lehrer" oder „das kennst Du aus der Schule". Das zeigt: Die Teilnehmer haben versucht, sich in die Lebenswelt von Zehnjährigen hineinzudenken. Für einen erwachsenen Leser machen sie das viel zu selten.
> - Sie bauen ihren Text didaktisch auf. Sie erklären Unbekanntes; setzen weniger Wissen voraus. Den meisten ist klar, dass man in diesem Alter mit dem Begriff B2B-Kommunikation noch nichts anzufangen weiß. Aber kann ein Zehnjähriger sagen, was ein Marketingkonzeptist?
>
> Kürzlich verriet mir die Redakteurin einer Kindernachrichtensendung, dass viele ihrer Zuschauer Erwachsene sind, denen die „Tagesschau" zu kompliziert ist. „Im Norden des Irak ist es erneut zu Kämpfen zwischen Kämpfern der salafistischen Al-Nusra-Front und schiitischen Milizen gekommen." Können Sie eine solche Nachricht auf Anhieb einordnen?

1.3 Das Geheimnis des Küchenzurufs

Das wichtigste Instrument, um einen guten Text zu verfassen, ist der Küchenzuruf. Dieser Begriff geht zurück auf einen der bedeutendsten deutschen Journalisten des 20. Jahrhunderts, auf Henri Nannen, der Gründer der Zeitschrift *Stern*. Der Küchenzuruf kommt also aus dem Journalismus, gilt aber für jeden kommunikativen Text. Darunter sind

Texte zu verstehen, die anderen Menschen unmittelbar etwas mitteilen wollen. Jeder Marketing- und Vertriebstext fällt in diese Kategorie, nicht aber ein dadaistisches Gedicht oder die *Ulysses* von James Joyce.

Der Küchenzuruf ist mit einer kleinen Geschichte verbunden, die über die Jahre von verschiedenen Menschen immer etwas unterschiedlich erzählt wurde. Im Kern geht sie so:

Onkel Herbert und Tante Helga gehen am Donnerstag zum Kiosk und kaufen sich den neuen *Stern*. Zurück zu Hause, zieht Onkel Herbert die Straßenschuhe aus, geht ins Wohnzimmer, legt sich auf die Chaiselongue und beginnt, im *Stern* zu lesen. Tante Helga geht unterdessen in die Küche, bindet sich eine Schürze um und macht sich an den Abwasch (Sie merken: Die Story stammt aus den 1950er-Jahren – und passt nicht mehr so ganz zu unserem heutigen Frauenbild).

Nachdem Onkel Herbert den ersten Beitrag im *Stern* gelesen hat, ruft er in die Küche (und hier aktualisiere ich ein bisschen): „Helga, stell Dir vor, wenn die Klimaerwärmung so weitergeht, liegt Bremen in 20 Jahren an der Nordsee!" Diesen einen Satz, der den Kern des Texts zusammenfasst, nennt man den Küchenzuruf.

Wenn Onkel Herbert von dem Beitrag jedoch so verwirrt ist, dass er nicht weiß, was er in die Küche rufen soll, dann ist der Text gescheitert.

> Die wichtigste Regel für jeden Autor lautet: Jeder Text muss einen Küchenzuruf haben!

Dieser Satz hat zwei Lesarten

- Jeder Text muss einen *Küchenzuruf* haben. Das bedeutet, er muss sich auf eine Kernbotschaft herunterbrechen lassen. Ohne Küchenzuruf ist ein Marketingtext nutzlos, denn seine entscheidende Aufgabe ist es, dass beim Leser etwas hängen bleibt – und zwar das, was der Autor vermitteln wollte.
- Jeder Text muss *einen* Küchenzuruf haben. Hier liegt die Betonung auf „einen". Auch wenn es schwerfällt, auch wenn Ihr Produkt über 16 Unique Selling Points (USP) verfügt: Sie müssen Ihren Text auf einen Küchenzuruf herunterbrechen. Sonst fragt sich der Leser: Was wollte mir die Autorin damit eigentlich sagen?

Falls der Küchenzuruf Sie als Marketingmenschen an den Elevator Pitch erinnert, liegen Sie nicht falsch. Es geht um denselben Grundgedanken, wenngleich der Elevator Pitch den Verkaufsaspekt stärker betont. Für diejenigen, denen der Begriff gerade nicht präsent ist: Stellen Sie sich vor, Sie haben eine geniale Idee, wie Sie Ihre Firma voranbringen können. Zufällig steigt auf Stockwerk zwei Ihr CEO in den Aufzug, in dem Sie sich gerade befinden. Sie haben jetzt die 20–30 Sekunden bis zum siebten Stock, dem CEO Ihre Idee zu zusammenzufassen und ihn davon zu überzeugen, dass er Ihnen ausführlicher zuhört. Die wenigen Sätze, in denen Sie Ihre Gedanken formulieren, nennt man Elevator Pitch.

Manchmal gelingt es beim besten Willen nicht, sich auf einen Küchenzuruf zu einigen. Zum Beispiel bestehen mehrere Abteilungen darauf, dass ihre wichtigsten Aspekte berücksichtigt werden. Dann können Sie zu einem Notbehelf greifen. Nehmen wir an, Sie haben drei USP unterzubringen. Dann wäre Ihr Küchenzuruf: „Dieses Produkt hat drei USP, nämlich eins – zwei – drei". Diese Kernbotschaft ist allerdings deutlich weniger eindringlich als etwa „Dieses Produkt verbraucht 20 % weniger Energie als die Konkurrenzprodukte" oder „Diese Maschine fertigt verglichen mit dem Vorgängermodell doppelt so viele Produkte in der halben Zeit." In der zweiten Variante gelingt es sogar, zumindest zwei Küchenzurufe unterzubringen. Übrigens: Bei drei sollte definitiv Schluss sein. Mehr Botschaften lassen sich in einem Text kaum unterbringen, ohne dass der Leser den Überblick verliert.

Der Küchenzuruf ist auch ein wichtiges Instrument, wenn Sie selbst gar nicht der Autor sind. Beim Briefing mit einer Agentur sollten Sie mit den Textern einen Küchenzuruf vereinbaren. Das erleichtert beiden Seiten das Arbeiten. Als Erfolgskontrolle bei fremden Texten fragen Sie sich: Was ist der Küchenzuruf? Wird er sofort klar? Und handelt es sich um genau jene Botschaft, die Sie wirklich aussenden wollten?

Zwei Fragen werden mir im Zusammenhang mit dem Küchenzuruf immer wieder gestellt

1. Muss der Küchenzuruf wörtlich im Text auftauchen? Nein. Der Küchenzuruf ist die Kernbotschaft ihres Texts. Sie muss sich aus ihm ergeben. Daher sollten Sie als erfahrener Autor den Küchenzuruf im Kopf formulieren. Weniger erfahrene Schreiber schreiben ihn besser

nieder. Ob der von Ihnen formulierte Wortlaut im Text auftaucht, hängt nicht zuletzt von der Textsorte ab. Es ist nicht zwingend.
2. An welcher Stelle im Text sollte der Küchenzuruf klar werden? Das hängt stark von der Textsorte ab. Handelt es sich um einen informativen Text nach dem Prinzip der umgekehrten Informationspyramide (s. Abschn. 4.1), würde die Überschrift eine verdichtete Form des Küchenzurufs darstellen. Bei einer narrativen Form (Storytelling) würde der Küchenzuruf als Pointe erst ganz am Schluss klar werden. Das ist nicht weiter schlimm, solange der Leser von Anfang an weiß, über welches Thema Sie sprechen.

1.4 Was macht Verständlichkeit aus? Das Hamburger Verständlichkeitsmodell

Seit einigen Jahren erforschen Linguisten die Verständlichkeit von Texten. Leider tun sie dies nicht immer auf allgemein verständliche Art. Im Gegenteil: Einige der unverständlichsten Texte, die ich in meinem Leben gelesen habe, stammen von Verständlichkeitsforschern.

Das hat zum einen damit zu tun, dass Linguistik ohnehin eine sehr verklausulierte Wissenschaft ist. Zum anderen glauben einige Verständlichkeitsforscher, dass Verständlichkeit nicht nur am Text gemessen werden sollte. Sie sprechen hier von rezipientenorientierten Verständlichkeitsmodellen. Man müsse auch den Autor und vor allem den Leser betrachten. Das heißt: Welches Interesse verfolgt der Autor? Will er vielleicht nicht verstanden werden? Zum Beispiel, weil er sich durch bewusste Unklarheit vor Festlegungen schützt oder weil er besonders klug klingen möchte? Oder ist er davon überzeugt, dass die Sache, über die er schreibt, so kompliziert ist, dass sie keine sprachliche Vereinfachung verträgt? Und was ist mit dem Rezipienten: Kennt er sich so gut aus, dass ihm schwierige Texte nichts ausmachen? Sollte er sich mehr anstrengen, um stolz sein zu dürfen, etwas scheinbar Unzugängliches verstanden zu haben?

Das sind alles Fragen, die ein linguistisches Proseminar an der Universität beleben mögen. In der Praxis sind sie für die Verfasser von Marketingtexten irrelevant. Unverständliches lesen die Kunden einfach nicht. Es wirkt somit nicht. Punktum.

1 Warum gute Texte wichtig sind

Zum Glück gibt es sog. textoptimierende Modelle. Sie fragen sich: Was kann man am Text besser machen, damit mehr Leute mehr Spaß daran haben und mehr davon kapieren? Seit Jahrzehnten in der Praxis erprobt ist das **Hamburger Verständlichkeitsmodell**. Es wurde Anfang der 1970er-Jahre von den Hamburger Kommunikationswissenschaftlern Inghard Langer, Friedemann Schulz von Thun und Reinhard Tausch ausgearbeitet. Sie haben es seither vielfach empirisch überprüft und in Teilen weiterentwickelt.

Das Modell wendet sich ausdrücklich an Autoren von Sachtexten und illustriert seine Methode an Texten von Versicherungen, Anwälten und Gerichten, von Wissenschaftlern, Pädagogen und Marketingleuten. Seine zentrale Annahme fassen die wie folgt zusammengefasst:

> Wenn ein Text schwer zu verstehen ist, so liegt das in den wenigsten Fällen an seinem Inhalt. Der Inhalt ist meistens gar nicht so kompliziert. Er wird erst kompliziert gemacht – durch eine schwer verständliche Ausdrucksweise. Und auch wirklich schwierige Sachverhalte lassen sich bei einigem Bemühen oft mit einfachen Worten verständlich erklären. Schwerverständlichkeit beruht weniger auf dem Was, sondern auf dem Wie, nicht auf dem Inhalt, sondern auf der Form eines Textes. (Langer et al. 2019)

Zur Operationalisierung griffen die Autoren auf Schätzurteile geschulter Beurteiler zurück, deren Ergebnisse sie mittelten. Diese schätzten ein, wie stark bestimmte Eigenschaften der Verständlichkeit in den untersuchten Texten nach dem von den Autoren entwickelten Modell ausgeprägt sind. Menschen mit unterschiedlicher Schulbildung lasen die Texte und beantworteten Fragen zu ihrem Inhalt. Manche hatten einen Hauptschulabschluss. Sie verstanden einige Texte so gut wie gar nicht. Lesern mit akademischer Bildung fiel es leichter, den Ausgangstext zu verstehen. Aber oft missverstanden sie ihn – und Spaß daran hatten sie selten.

Anhand des Zusammenhangs von Textverständnis und der Ausprägung bestimmter Verständlichkeitseigenschaften entwickelten die Forscher vier Merkmale der Verständlichkeit.

Das Hamburger Verständlichkeitsmodell postuliert in seiner klassischen Form vier Merkmale der Verständlichkeit:

1. **Einfachheit**: Die Autorin wählt einfache, kurze und überschaubare Sätze, geläufige und konkrete Wörter. Sie schreibt anschaulich, erklärt

Fachbegriffe und vermeidet Fremdwörter. Statt auf Substantivierungen setzt sie auf Verben, statt auf Passivkonstruktionen auf das Aktiv.
2. **Gliederung und Ordnung.** Das Merkmal teilt sich in zwei Faktoren, eine innere Ordnung und eine äußere Gliederung. Unter innerer Ordnung verstehen die Autoren, dass die „Sätze nicht beziehungslos nebeneinander [stehen], sondern [...] folgerichtig aufeinander bezogen" sind. Mit anderen Worten: Ein Text muss logisch und inhaltlich sinnvoll sein. Der Leser muss erkennen, was wichtig und was weniger wichtig ist. Er muss dem roten Faden des Texts ohne Probleme folgen können. Zur äußeren Gliederung gehören eine optische Gliederung durch Absätze, Hervorhebungen, Zwischenüberschriften, Zusammenfassungen, Aufzählungen und Marginalien.
3. **Kürze und Prägnanz.** Hier sollen die Autoren eine Balance finden zwischen zwei Extremen: Zum einen einer ausschweifenden, ausführlichen, langen Ausführung, in der viel Unwesentliches steht. Oft zusätzlich belastet durch zahlreiche Wiederholungen, viele Füllwörter, Phrasen und umständliche Ausdrucksweisen. Zum anderen einer sehr knappen, verdichteten, auf das Wesentliche beschränkten Fassung, die aber genau deshalb hohe Konzentration erfordert.
4. **Anregende Zusätze.** Dieses Merkmal bezieht sich auf stilistische Mittel, mit denen die Autorin ihre Leser für sich gewinnen will. Dazu gehören lebensnahe Vergleiche, direkte persönliche Ansprache, Reizwörter, die Einbettung der Informationen in eine Geschichte, Metaphern, rhetorische Fragen und Redewendungen.

Als optimal verständlichen Text beurteilt das Hamburger Modell ein hohes Maß an Einfachheit (+) und ein Optimum (++) an Gliederung und Ordnung sowie eine ausgeglichene Balance (+ oder 0) bei den Merkmalen Kürze und Prägnanz und anregende Zusätze.

Das Beurteilungsschema für einen perfekt verständlichen Text sieht also so aus wie in Abb. 1.1.

Verständlichkeitsformeln
Das Hamburger Verständlichkeitsfenster ist darauf angewiesen, dass menschliche Leser einen Text nach den vier Merkmalen beurteilen. Obwohl die Wissenschaftler die Beurteiler schulen, spielen persönliche Einschät-

Einfachheit	Gliederung/Ordnung
++	++
Kürze/Prägnanz	Zusätzliche Stimulanz
0	0 oder +

Abb. 1.1 Beurteilungsschema für einen perfekt verständlichen Text

zungen eine Rolle. Ist ein Text nun einfach (+) oder sehr einfach (++)? Ist er nur schlecht gegliedert (−) oder sehr schlecht (−−)? Ganz eindeutig ist die Antwort nie. Daher haben einige Wissenschaftler versucht, objektive mathematische Formeln für die Textverständlichkeit zu finden. Rudolf Franz Flesch, ein Wiener Jude, der 1938 in die USA emigrieren musste, erfand den Flesch-Index (FI). Er beschränkt sich darauf, die Wortlänge (WL) und die Satzlänge (SL) zu berücksichtigen und errechnet sie wie folgt:

$$FI = 206{,}835 - 84{,}6 \times WL - 1{,}015 \times SL$$

In der Regel liegt der Wert zwischen 0 (sehr schwer) und 100 (sehr leicht). Die Formel bezieht sich auf die englische Sprache. Sie wurde vielfach modifiziert und an das Deutsche angepasst.

Der an der Stuttgarter Universität Hohenheim entwickelte komplexe Hohenheimer Verständlichkeitsindex bezieht mehrere Formeln und Faktoren ein. Kommerzielle Software, die Texte auf Verständlichkeit prüft, wie TextLab und LinguLab, nutzt diesen und ähnliche Indices.

Im Gegensatz zum Hamburger Verständlichkeitsmodell haben die Verständlichkeitsformeln (zumindest bislang) einen großen Nachteil: Sie sind dumm. Der Text kann den größten Unsinn enthalten – solange die Sätze kurz und die Wörter einfach sind, gelten sie als verständlich.

> **Der fehlende Wille zur Verständlichkeit**
>
> Vor einiger Zeit hatte ich einen Seminarteilnehmer, einen Geologen, der rundheraus erklärte: „Wenn Leser meine Texte nicht verstehen, dann haben sie eben Pech gehabt. Sie sind dann intellektuell überfordert oder das Thema ist einfach nichts für sie." „Intellektuell überfordert" war natürlich ein Euphemismus für „zu blöd". Der Teilnehmer geriet zumindest ins Grübeln, als ich ihm einen Fachtext aus einer anderen Wissenschaft vorlegte, an dem er scheiterte.

Die Hamburger Verständlichkeitsforscher haben ihre vier Textmerkmale um einen zusätzlichen Aspekt erweitert. Texte sollten personenzentriert sein, fordern sie.

Was heißt das? In ihrem Buch *Sich verständlich ausdrücken* beschreiben es die drei Forscher so:

> Texte, in denen der Autor die Person des Lesers achtet und auf sie Rücksicht nimmt, sich in dessen Gefühlen und Schwierigkeiten einfühlt und der seine persönlichen Gedanken/Gefühle klärt und dem Leser des Öfteren mitteilt, werden von den meisten Lesern als interessanter, lebendiger und teilweise auch als verständlicher empfunden.[2]

1.5 Exkurs: Leichte Sprache

Leichte Sprache versucht Menschen zu erreichen, die große Schwierigkeiten mit der normalen deutschen Schriftsprache haben. Für sie werden die Regeln der Verständlichkeit nochmals verschärft, sodass die Texte extrem einfach werden und leicht zu lesen sind.

Leichte Sprache richtet sich an vier Lesergruppen:

1. Menschen mit Lernschwierigkeiten oder geistigen Beeinträchtigungen: Für sie wurde Leichte Sprache ursprünglich erfunden. Leser aus der Gruppe testen im Auftrag von Agenturen oft Texte in Leichter Sprache. Falls Ihre Produkte auch für diese Zielgruppe interessant sind, sollten Sie über eine Marketingkommunikation in Leichter Sprache nachdenken.
2. Funktionale Analphabeten (siehe Abschn. 2.2): Da diese Gruppe über 12 % der deutschen Bevölkerung umfasst, gibt es zahlreiche Produkte und Dienstleistungen, die mit Leichter Sprache einen neuen Markt erschließen.
3. Menschen, die (noch) nicht so gut Deutsch sprechen: Das kennt jeder, der eine Fremdsprache erlernt: Am Anfang sollten die Texte sehr, sehr einfach sein, damit man etwas damit anfangen kann, denn als Lernender muss man mit wenigen Vokabeln auskommen. Und bei einem

---

[2] Zugegeben: Diesen Satz hätten sich die Verständlichkeitsforscher nach dem Kriterium der Einfachheit nochmals vornehmen sollen.

komplizierten Satzbau verliert man rasch den Überblick. Migranten, die noch nicht so gut in Deutsch sind, lassen sich daher gut in Leichter Sprache ansprechen, falls sich eine Marketingkommunikation in der Muttersprache als zu aufwendig erweist.
4. Menschen mit neurodegenerativen Erkrankungen, besonders Alzheimer-Patienten in einem frühen Stadium: Die Krankheit beeinträchtigt das Arbeitsgedächtnis; den Betroffenen fällt es immer schwerer, komplexe Texte zu verstehen. Leichte Sprache kann diesen Markt besonders für medizinische Dienstleistungen und Produkte erweitern und zugleich den Patienten das Leben erleichtern.

Leichte Sprache kann auch bei Betriebsanleitungen sinnvoll sein oder bei Erklärungen von komplexen Sachverhalten. Bei einem Versuch bei einer Volksabstimmung in Kalifornien sank die Zahl der ungültigen Stimmen, nachdem den Wählern das (ziemlich komplizierte) Abstimmungsverfahren in Leichter Sprache erklärt worden war. Für die Wahl zur Bremischen Bürgerschaft 2015 erhielten Wähler Unterlagen, die in Leichter Sprache verfasst worden waren. Behörden, Museen, Medien und viele Unternehmen bieten inzwischen Internetseiten in Leichter Sprache an.

Macht Leichte Sprache dumm?
Einige Kritiker bemängeln, dass Leichte Sprache Leser für dumm verkaufe, sie sogar daran hindere, sich mit komplexerer Sprache auseinanderzusetzen. Für jemanden, der gut lesen kann, wirken Texte in dieser Form in der Tat oft skurril, vielleicht sogar infantil. Aber würden Sie einem Blinden raten, er solle gefälligst genauer hingucken, statt sich auf die Leitnoppen am Boden zu verlassen? Oder sich über eine Rampe beschweren, weil sie Rollstuhlfahrer daran hindere, die Treppe zu nehmen?

In einigen Fällen, zum Beispiel bei Deutschlernenden oder bei funktionalen Analphabeten werden die Betroffenen mit der Zeit Texte in Standarddeutsch verstehen (wenngleich vermutlich nicht die Negativbeispiele in diesem Buch). Bei anderen, Behinderten und Alzheimer-Patienten zum Beispiel, ist das nicht zu erwarten. Ihnen hilft die Leichte Sprache bei der Teilhabe an der Gesellschaft.

Hier ist ein Beispiel eines Textabschnitts in Leichter Sprache vom Netzwerk Leichte Sprache:

Leichte Sprache ist eine sehr leicht verständliche Sprache.
Man kann sie sprechen und schreiben.
Leichte Sprache ist vor allem für Menschen mit Lern-Schwierigkeiten.
Aber auch für andere Menschen.
Zum Beispiel für Menschen, die nur wenig Deutsch können.
Für Leichte Sprache gibt es feste Regeln.
Menschen mit und ohne Lern-Schwierigkeiten haben
die Regeln gemeinsam aufgeschrieben.
Jeder kann die Regeln für Leichte Sprache lesen.

Einige dieser Regeln lauten:

- Fast nur Hauptsätze verwenden, nur hin und wieder einen einfachen Nebensatz.
- Nur einfache Alltagswörter benutzen. Also „Haus" statt „Gebäude". Sie sollten das gleiche Wort wiederverwenden, wenn Sie wieder auf die gleiche Sache zu sprechen kommen, also keine Abwechslung im Ausdruck.
- Verben statt Substantive verwenden.
- Aktiv statt passiv schreiben.
- Lange, zusammengesetzte Wörter durch einen Kopplungsstrich in ihre (sinnvollen) Bestandteile trennen. Also zum Beispiel „Lern-Schwierigkeiten" oder „Land-Tag". Manche Autoren arbeiten statt mit einem Koppelungsstrich mit einem Trennungspunkt: „Lern.schwierigkeiten".
- Keine Abkürzungen. Statt „z. B." schreiben Sie „zum Beispiel".
- Den Genetiv vermeiden, also besser „das Produkt von der Firma" statt „das Produkt des Herstellers".
- Den Konjunktiv vermeiden.
- Keine Redewendungen benutzen. Jemand, der nicht so gut Deutsch kann, würde zum Beispiel die Redewendung „Sie ist auf den Hund gekommen" missverstehen.
- Hohe Zahlen durch Formulierungen wie „sehr viele" oder „vor sehr langer Zeit" ersetzen. Schreiben Sie die Zahlen stets als Ziffern.
- Eine einfache Wortstellung (Subjekt – Prädikat – Objekt) vorziehen.
- Viele Absätze machen.

Sie werden übrigens im Lauf dieses Buchs feststellen: Die Regeln für Leichte Sprache sind nichts anderes als die verschärften Regeln für eine klare und verständliche Sprache, die alle Menschen anspricht.

1.6 Sieben Regeln für verständliches Deutsch

Erste Regel: Wortdiät – Überflüssiges streichen

> Auch in Zeiten der weltweiten Globalisierung ist es naturgemäß in der Tat nicht unabwendbar, dass die Problemstellungen eines schlussendlich schwer verständlichen Texts offensichtlich voll und ganz zulasten der Wirksamkeit gehen.

Sie ahnen, dass dieser von mir erfundene Satz dazu dient, ein Problem zu veranschaulichen: das Problem aufgeblähter Sätze. Der amerikanische Literaturwissenschaftler William Strunk Jr. veröffentlichte 1918 erstmals sein Buch *The Elements of Style*. Es enthielt viele Ratschläge für ein gutes, flüssig lesbares Englisch. Der Schriftsteller E. B. White ergänzte das Werk. Es erlebte viele Überarbeitungen und Auflagen und wird bis heute in amerikanischen Universitäten genutzt. Die zentrale Regel darin lautet: „Omit needless words" – Streiche überflüssige Wörter.

Der eingangs erwähnte Text quillt über vor überflüssigen Wörtern: naturgemäß, in der Tat, schlussendlich, offensichtlich, voll und ganz. Diese Wörter fügen der Aussage des Absatzes nichts Entscheidendes hinzu. Sie sind Füllwörter. „Weltweite Globalisierung", ist sogar ein Pleonasmus, ein „weißer Schimmel". Globalisierung ist von Natur aus weltweit. Viele Autoren bemerken nicht mehr, wenn sie einen Pleonasmus benutzen, weil die Formulierung in den allgemeinen Sprachgebrauch übergegangen ist. Die „geballte Faust" ist ein Beispiel dafür. Versuchen Sie einmal eine Faust zu machen, ohne die Hand zu ballen!

Reduziert ergäbe die Passage:

> Auch in Zeiten der Globalisierung ist es nicht unabwendbar, dass Probleme schwer verständlicher Texte zulasten der Wirksamkeit gehen.

Die folgende Liste zählt sehr viele Füllwörter auf. Oft können Sie sie streichen. „Oft" heißt „nicht immer". Machen Sie aus den Regeln kein ehernes Gesetz. Manchmal lassen Füllwörter einen Satz flüssiger klingen, machen ihn eingänglicher oder unterstreichen einen Aspekt. Statt sie mechanisch zu streichen, sollten Sie prüfen und abwägen.

Liste mit Füllwörtern

- abermals, allem Anschein nach, allemal, allenfalls, allenthalben, allesamt, allzu, an sich, andauernd, andernfalls, anscheinend, auch, auffallend, aufs neue, augenscheinlich, ausdrücklich, ausgerechnet, ausnahmslos, außerdem, äußerst
- bei Weitem, bekanntlich, bereits, bestenfalls, bloß
- dabei, dadurch, dafür, danach, dann und wann, demgegenüber, demgemäß, demnach, denkbar, denn, dennoch, des Öfteren, deshalb, dessen ungeachtet, deswegen, durchaus, durchweg
- eben, ein bisschen, ein wenig, einerseits, einige, einmal, entsprechend, ergo, etliche
- folgendermaßen, folglich, förmlich
- ganz gern, gänzlich, gar nicht, gemeinhin, gewisse, glatt, glücklicherweise, gottseidank, größtenteils
- hätte, häufig, hie und da, hingegen, hinlänglich, höchst
- im Allgemeinen, im Grunde genommen, im Prinzip, immerzu, in der Tat, indessen, infolgedessen, insbesondere, insofern, irgendein, irgendjemand, irgendwann, irgendwie
- je, jedenfalls, jedoch, jemals
- längst, lediglich, leider, letztlich
- manchmal, mehr oder weniger, mehrfach, meines Erachtens, meinetwegen, meistens, meistenteils, mindestens, mithin, mitunter, möchte, möglichst
- nämlich, naturgemäß, neuerdings, neuerlich, neulich, niemals
- offenkundig, offensichtlich, ohne Weiteres, ohnedies
- partout, persönlich
- quasi
- recht, reichlich, reiflich, restlos, richtiggehend, riesig, rundheraus, rundum
- samt und sonders, sattsam, schlicht, schlichtweg, schließlich, schlussendlich, schwerlich, selbstredend, seltsamerweise, so, sogar, sowieso, sowohl als auch, stellenweise, stets
- trotzdem
- überaus, überdies, üblicher Weise, umständehalber, unerhört, ungemein, ungewöhnlich, ungleich, unmaßgeblich, unsagbar, unsäglich, unstreitig, unzweifelhaft
- vermutlich
- voll, voll und ganz, vollends, völlig, vollständig, von neuem
- weidlich, weitgehend, wiederum, wohlgemerkt, womöglich
- ziemlich, zudem, zumeist, zusehends, zuweilen, zweifelsfrei

Eine besondere Form der Aufblähung sind bestimmte Partizipalkonstruktionen mit Substantiven. Zwei Beispiele: „Das abgehaltene Meeting kam zu folgendem Ergebnis …" und „die anwesenden Teilnehmer verständigten sich darauf …". Ein Meeting, das nicht abgehalten worden wäre, hätte kein Ergebnis gebracht. Und „nicht anwesende Teilnehmer" wären keine Teilnehmer gewesen und hätten sich folglich auf nichts verständigen können.

> **Lieblingsfüllwörter**
>
> Manche Autorinnen und Autoren haben Lieblingsfüllwörter. Meines ist „auch". Ich benutze es viel zu häufig. Eines Tages ging mir das so auf die Nerven, dass ich in einem mit Word geschriebenen Text automatisch sämtliche „auch" löschte. Das führte zwar zu einigen kleineren Unfällen (aus „Rauch" wurde „R"), aber viele „auch" verschwanden auf Nimmerwiedersehen, ohne dass ich ihren Verlust bemerkte. Nachdem ich meinen Text nochmals sorgfältig gelesen und die notwendigen „auch" wieder eingesetzt hatte, stellte ich fest: In zwei Drittel der Fälle waren sie überflüssig.

Zweite Regel: Die präzisen Worte finden
Ich treffe aufgrund einer kleinen Nebentätigkeit als Literaturkritiker der *Stuttgarter Zeitung* gelegentlich Schriftstellerinnen und Schriftsteller. Aus den Gesprächen mit diesen professionellen Autoren weiß ich: Ein guter Schriftsteller benötigt für eine Buchseite Text etwa einen Tag. Manchmal läuft es etwas flüssiger, an anderen Tagen gelingen vielleicht nur ein Handvoll Sätze.

Bei Werbetextern ist es noch extremer: Tage, wenn nicht wochenlang arbeiten sie an einem Werbeslogan. So lange, bis er sitzt.

Warum brauchen solche Profis, die ja selten um ein Wort verlegen zu sein scheinen, so lange für das Schreiben von ein paar Zeilen? Weil sie präzise schreiben wollen. Ein Werbeslogan muss nicht nur eine Information vermitteln. Dann wäre er ruckzuck hingekritzelt. Er muss vielmehr die Eigenschaft eines Produkts oder einer Dienstleistung sehr knapp und genau auf den Punkt bringen. Er muss informieren. Er muss (emotional) berühren. Er muss aktivieren.

Eine Schriftstellerin strebt danach, *genau* das auszudrücken, was sie sagen will. Dazu muss sie präzise Wörter wählen, die im Leser eine ähnliche Empfindung hervorrufen wie bei ihr selbst. Nur so kann sie ihre Gefühle, Ansichten und Vorstellungen anderen Menschen vermitteln. Je besser das gelingt, desto mehr empfinden wir das Gesagte als Kunst.

Nehmen wir drei kluge Worte zum Thema Sprache:
„Wo Worte selten sind, haben sie Gewicht."
„Doch niemand heilt durch Jammern seinen Harm."
„Was ist ein Name? Was uns Rose heißt, wie es auch hieße, würde lieblich duften."

Die drei Zitate stammen vom größten Meister sprachlicher Präzision, der je gelebt hat: von William Shakespeare (Wer es genau wissen will: *Richard II.*; *Richard III.* und *Romeo und Julia*, jeweils 2. Akt, 2. Szene). Wir werden im Abschn. 2.6 noch näher auf einige der stilistischen Mittel eingehen, die Shakespeare hier verwendet. Selbst wenn man nur Marketingtexte verfasst, kann man von der Genauigkeit des großen Dichters lernen. So ist beim zweiten Zitat von „Jammern" (englisch: „wailing") die Rede und nicht von „Klagen" (englisch: „complaining"). Bei „Jammern" schwingt mit, dass der Unmut unberechtigt ist. Außerdem stellt man sich eine jammernde Person als weinerlich vor. Im altertümlichen Wort „Harm" steckt zudem der Beiklang von Trübsal, Weh und Leid. Die Aussage klänge viel nüchterner, hätte Shakespeare (oder der Übersetzer) geschrieben: „Doch niemand heilt seinen Schaden, wenn er sich beklagt". So würde es eine Hausratsversicherung formulieren.

Um von den Höhen der Weltliteratur hinabzusteigen in den Alltag einer Marketingtexterin: Auch hier kann eine unpräzise Wortwahl die Leser verwirren. Wer „Verantwortung" schreibt, aber eigentlich „Verantwortlichkeit" meint, hätte seinen Text besser noch einmal Wort für Wort abgeklopft.

> Hören Sie jedem Wort, das sie schreiben, hinterher. Versuchen Sie zu erfassen, ob es genau das ausdrückt, was Sie meinen.

Natürlich muss man in Marketingtexten oft abstrakt formulieren. Manchmal dient dies der Absicht, möglichst viele Fälle und Eventualitäten abzudecken. Manchmal will es der Autor gar nicht so präzise sagen, zum Beispiel, weil er eine Schwachstelle seines Produkts oder seiner Dienstleistung verdecken will. Oder die Autorin will sich nicht festlegen und eine Hintertür offenhalten. Ein Beispiel: Das Wörtchen „zeitnah" findet sich inzwischen fast überall. Es ist völlig unbestimmt. Niemand kann sagen, wann ich mit einer Antwort rechnen darf, die als „zeitnah" angekündigt wird. In der Kölner U-Bahn gibt es die Durchsage, man möge bitte alle Türen benutzen, damit die Bahn ihre Fahrt „zeitnah" fortsetzen könne. Hier meint „zeitnah" offenbar in 10 oder 20 Sekunden. Wenn Ihr Handwerker Ihnen mitteilt, er wolle sich um anstehende Reparatur zeitnah kümmern, sollten Sie sich auf mehrere Wochen einstellen. Ganz zu schweigen, was es bedeutet, wenn der Berliner Senat eine „zeitnahe" Eröffnung des Hauptstadtflughafens BER verspricht. „Unverzüglich", „in zwei Wochen" oder „spätestens in zwei Jahren" wären hingegen konkrete Angaben, mit denen der Leser etwas anfangen kann.

> Der Journalist Christoph Moss hat sich in einem Beitrag für die Zeitschrift *Absatzwirtschaft* vorgestellt, wie das Wörtchen „zeitnah" sogar die Weltgeschichte hätte verändern können (Moss 2012): „Wer erinnert sich nicht an die berühmte Pressekonferenz des DDR-Politikers Günter Schabowski? Am 9. November 1989 trat er in Ost-Berlin vor die Journalisten. Er referierte langsam und monoton. Dann begann er irgendwann zu stammeln und sagte: ‚Das tritt nach meiner Kenntnis … ist das sofort, unverzüglich'. Gemeint war die Öffnung der Grenzen. Eine historische Pressekonferenz, weil sie faktisch das Ende der deutschen Teilung bedeutete. Und nun stellen wir uns vor, er hätte nicht gesagt: ‚sofort' oder ‚unverzüglich'. Stellen wir uns vor, er hätte ‚zeitnah' gesagt". Wir würden heute noch auf die Wiedervereinigung warten.

Dritte Regel: Lebendig schreiben
Texte sollen nicht nur verständlich und präzise sein, sie sollten auch Spaß machen. Je abstrakter ein Text wird, desto weniger Spaß bereitet es, ihn zu lesen. Manchmal wird dies kompensiert durch geistiges Vergnügen. Es kann entstehen, wenn man einen sehr schwierigen, aber interessanten Gedanken erfasst hat. Oft versteckt sich hinter hoch-

kompliziert klingenden, abstrakten Formulierungen aber nur Hohles oder Banales.

Der österreichisch-britische Sozialphilosoph Karl Popper fasst seine Abneigung gegen die leblose, aufgeblasene Sprache in seinem Aufsatz „Wider die großen Worte" in deutlichen Sätzen zusammen (Popper 1971):

> Was ich die Sünde gegen den heiligen Geist genannt habe – die Anmaßung des dreiviertel Gebildeten –, das ist das Phrasendreschen, das Vorgeben einer Weisheit, die wir nicht besitzen. Das Kochrezept ist: Tautologien und Trivialitäten gewürzt mit paradoxem Unsinn. Ein anderes Kochrezept ist: Schreibe schwer verständlichen Schwulst und füge von Zeit zu Zeit Trivialitäten hinzu. Das schmeckt dem Leser, der geschmeichelt ist, in einem so „tiefen" Buch Gedanken zu finden, die er schon selbst einmal gedacht hat.

In diesem Beitrag übersetzt Popper mehrere Zitate des Frankfurter Philosophen Jürgen Habermas in klares Deutsch. So schreibt zum Beispiel Habermas: „Sie [die Theorien] erweisen sich für einen speziellen Gegenstandsbereich dann als brauchbar, wenn sich ihnen die reale Mannigfaltigkeit fügt." Popper macht daraus: „Sie sind auf ein spezielles Gebiet dann anwendbar, wenn sie anwendbar sind." Das ist ein wenig ungerecht, weil Habermas sicherlich nicht nur Blödsinn zu sagen hat, aber er hätte mit einer klareren Sprache seine Wirkung steigern können.

> **Beispiel**
>
> Ein Meister unklarer, selbstverliebter Sprache ist der deutsche Philosoph Martin Heidegger (1889–1976). Hier ein Zitat aus seinem Hauptwerk *Sein und Zeit* (Heidegger 2006):
> „Die ekstatische Einheit der Zeitlichkeit, das heißt die Einheit des ‚Außersich' in den Entrückungen von Zukunft, Gewesenheit und Gegenwart, ist die Bedingung der Möglichkeit dafür, daß ein Seiendes sein kann, das als sein ‚Da' existiert."
> Kann es sein, dass Heidegger bei vielen Philosophen so beliebt ist, weil in diesem sprachlichen Nebel jeder zu entdecken vermag, was ihm selbst durch den Kopf geht? Heidegger wendet einen besonderen Trick an: Er erfindet neue Wörter (sogenannte Neologismen). Wer sich als Leser darauf einlässt, verfängt sich im Netz seines Denkens. Mit den Heideggerschen Wörtern kann man nur heideggerisch denken. Diesen Trick nutzen auch (wenngleich auf

> niedrigerem denkerischem Niveau) viele Marketingautoren: Sie versuchen, den Leser zu zwingen, sich voll und ganz auf ihre Sprache einzulassen. Hier ein Beispiel aus der Beschreibung für einen Sneaker der Modellreihe NMD von Adidas:
> „Dieser NMD kombiniert Running-Designs aus den 80ern mit einem Touch modernem Style. In dieser ultraleichten Version kommt er mit einem Obermaterial aus adidas Primeknit, das deinen Fuß passgenau umschließt. Dieses kommt mit Garn aus Parley Ocean Plastic™, das aus recyceltem Plastik hergestellt wird. Außerdem gibt dir die Boost-Zwischensohle ein angenehm reaktionsfreudiges Tragegefühl."
> Primeknit, Parley Ocean Plastic, Boost – das sind alles von Adidas erfundene Begriffe. Die Marketing-Neologismen erschweren es dem Verbraucher, diesen Sneaker mit einem Modell zum Beispiel von Nike zu vergleichen.

Auch im Marketing verliert die Sprache an Kraft, wenn sie auf abstrakte Begriffe ausweicht, statt konkret zu benennen, um was es geht. Viele Autoren haben sich etwa in das Wort „innovativ" verliebt. Es ist aber nicht nur unpräzise, sondern auch abstrakt. Besser wäre es zu beschreiben, was genau an einem „innovativen Produkt" neu und aufregend ist.

Als Faustregel kann man sich an folgendes Motto halten:

> Ziehen Sie die kurzen Wörter den langen vor.

Die *Bild*-Zeitung hat einmal das längste deutsche Wort gekürt. Damit es sich um ein echtes, gebräuchliches Wort handelt, musste es in mindestens vier unterschiedlichen Texten auftauchen, um berücksichtigt zu werden. Sieger wurde die

Grundstücksverkehrsgenehmigungszuständigkeitsübertragungsverordnung.

Es gibt wohl keinen Leser, der dieses Wort auf Anhieb erkennt und versteht. Generell gilt: Je mehr Silben ein Wort hat, desto komplexer ist die Verarbeitung im Gehirn. Wissenschaftler sprechen von der kognitiven Last, die die Verarbeitung eines Worts, eines Satzes oder eines Texts bereitet. Allerdings gilt das nur, wenn zum Beispiel ein Wort dem Leser nicht vertraut ist. Wenn Sie als Biologe oder Genetikerin jeden Tag mit dem Begriff Desoxyribonukleinsäure zu tun haben, wird ihn ihr Gehirn problemlos verarbeiten können. Für alle anderen stellt er ein Hindernis dar.

Grundsätzlich gilt, dass kurze Wörter den Autor zu einer leichteren Sprache zwingen. Das allein wäre ein Grund, sie zu bevorzugen.

> **Ein-Silben-Übung**
>
> Folgende kleine Übung mache ich oft mit den Teilnehmern meiner Schreibseminare. Sie zeigt, wie schwer es ist, sich mit kurzen Worten auszudrücken.
> Die Aufgabe lautet: Schreiben Sie bitte eine kleine Geschichte nur aus einsilbigen Wörtern. Das Thema dürfen Sie sich frei wählen.
> Hier ein Beispiel: Tom ging in den Wald und sah ein Reh. „Oh, ein Reh", sprach Tom. Er schoss und traf das Tier. Dann nahm er es und trug es ins Haus. Dort briet er es und aß es ganz auf. „Ach, wie gut schmeckt so ein Reh", sprach er. Doch er war sehr voll und satt. Das tat ihm nicht gut. Nie mehr so ein Reh!
> Um die Sache zu erleichtern, gestehe ich meist noch drei Joker zu, also drei maximal zweisilbige Wörter. Nicht wenige Teilnehmer verzweifeln an der Aufgabe, weil sie es so sehr gewohnt sind, sich abstrakt auszudrücken. Und grob gesprochen gilt: Je abstrakter ein Begriff, desto länger ist er.

Viele Stilratgeber empfehlen, Aktivformulierungen den Passivkonstruktionen vorzuziehen. Das ist grundsätzlich richtig.

In der Alltagssprache verwenden wir überwiegend aktive Sätze. Wenn Menschen sich etwas erzählen, sagen sie meist „Ich habe das und das gemacht" oder „Er hat ‚xxx' gesagt" – und nicht etwa: „Das und das wurde von mir gemacht" oder „xxx wurde von ihm gesagt". Aber die Regel gilt nicht immer. Wollen wir zum Beispiel vermeiden, zu benennen, wer für etwas verantwortlich ist, greifen wir zum Passivstil. Dann heißt es „Fehler wurden gemacht" statt „Ich habe einen Fehler gemacht" oder „Unsere Mitarbeiterin XY hat einen Fehler gemacht". Überlegen Sie aber selbst: Welche Version klingt überzeugender? Bei welcher Formulierung wären Sie als Kunde eher bereit, einen Fehler zu verzeihen?

In anderen Fällen weiß man vielleicht noch nicht, wer eine Sache ausführt. Dann werden Sie zum Beispiel sagen: „Ihre Leitungen werden überprüft werden". Im Aktiv wirkt die Aussage allerdings überzeugender: „Unser Techniker wird die Leitungen überprüfen".

Daraus ergibt sich:

> Aktivsätze sind in der Regel besser, solange es keine guten Gründe gibt, auf Passivformulierungen auszuweichen.

Vierte Regel: Vermeiden Sie Nominalstil
In einem Internetportal für den Deutschunterricht heißt es ironischerweise: „In der Standardsprache findet der Nominalstil kaum Anwendung". Ohne Nominalstil lautet der Satz: „In der Standardsprache spricht kaum jemand Nominalstil." In einer wissenschaftlichen Arbeit schreibt der Autor: „Jedoch neigt diese Neuentwicklung [dass sich der Nominalstil auch in der Alltagssprache ausbreitet] zum Erreichen des Höhepunktes ihrer Geltung. Nach ‚Sanders' wird vor einer nichtwohlüberlegten Anwendung und der übertriebenen Häufigkeit des Nominalstils gewarnt". Das ließe sich auch so ausdrücken: „Die Entwicklung, Nominalstil im Alltag zu verwenden, hat ihren Höhepunkt erreicht. ‚Sanders' warnt davor, Nominalstil unüberlegt und übertrieben häufig anzuwenden".

Sie merken selbst: Die verbale Variante klingt lässt sich leichter verstehen und sie klingt dynamischer. Die Wirkung hat jedoch ihren Preis. Mit Verben zu arbeiten, kann einen Text verlängern. Nominalstil ermöglicht es, viele Gedanken in einen einzigen Satz zu pressen. Das mag für die Autorin hilfreich sein, für den Leser ist es eine Qual. Sätze im Nominalstil sind wie zip-Dateien. Sind sie im Gehirn angekommen, müssen sie erst ausgepackt werden, bevor sie sich verarbeiten lassen. Neurowissenschaftliche Untersuchungen zeigen, dass das Gehirn Sätze im Nominalstil langsamer verarbeitet als solche im Verbalstil.

Einen Text, der im Nominalstil geschrieben ist, in Verbalstil umzuarbeiten, ist sehr mühsam. Sie müssen jeden Satz einzeln umschreiben. Das wäre zwar wünschenswert, ist aber oft nicht zu leisten, weil die Zeit nicht reicht oder der Aufwand unverhältnismäßig wäre. Oft hilft es, wenn man beim Redigieren den Nominalstil eindämmt. Allein das hilft, viele Texte leichter lesbar zu machen.

Zudem kommt es darauf an, an wen sich der Text richtet. In einer internen Vorlage lässt sich Nominalstil leichter verkraften als in einem Verkaufstext, der sich an ein breites Publikum richtet.

Fünfte Regel: Ziehen Sie konkrete Wörter den abstrakten vor
Viele Autoren von Marketingtexten lieben das Abstrakte. Das haben sie mit Wissenschaftlern gemein. Sicherlich gibt es Gründe für einen abstrakten, wenig anschaulichen Schreibstil. Vor allem in juristischen Texten

ist er sinnvoll, weil es darin ja in der Tat um abstrakte Dinge geht – um Rechtsprinzipien und allgemeine Regeln. Wegen dieser Eigenschaft fällt es allerdings vielen Menschen schwer, juristische Abhandlungen zu verstehen. Abstraktes Denken ist anspruchsvoll und fordert unser Gehirn heraus. Man merkt dies oft in Diskussionen, in denen es um allgemeine Regeln geht. Vielfach reagieren die Gesprächspartner darauf mit konkreten Beispielen. Konkretes ist für unser Gehirn überzeugender als Abstraktes. Ich komme darauf in Kap. 3 zurück.

Im Marketing stehen ohnehin meist konkrete Dinge, also Waren und Dienstleistungen, im Vordergrund. Hier werden die Texte wirkungsvoller und verständlicher, wenn Sie die abstrakteren Wörter (in der Sprachwissenschaft als Oberbegriffe bezeichnet) durch konkrete ersetzen. Das gilt nicht immer, aber in erstaunlich vielen Fällen.

Außerdem lässt sich nachweisen, dass konkrete Wörter eher im Gedächtnis haften bleiben als abstrakte – weil sie im Gehirn mit bildlichen Vorstellungen und anderen Sinneseindrücken verbunden werden.

Die Neurolinguisten Horst Müller, Gert Rickheit und Sabine Weiss von der Universität Bielefeld schreiben dazu folgendes (Müller et al. 1997):

> Lange wurde vermutet, daß die Analyse von konkreten Wörtern mit Bezügen zu Erfahrungen in mehreren Sinnesbereichen einhergeht und somit auch andere Bedeutungskonzepte aktiviert. Abstrakte Wörter hingegen sollten im Gehirn primär nur sprachlich repräsentiert sein. Beispielsweise sollte das Nomen „Hase" mit gespeicherten Sinneseindrücken für „Aussehen", „Anfühlen", „Geschmack" oder „Geruch" assoziiert sein, wohingegen das Wort „Friede" keine Bezüge zu solchen Sinneseindrücken aufweist. Über die EEG-Kohärenzanalyse konnte nun ein physiologischer Beweis für diese Annahme erbracht werden, da ausschließlich bei der Verarbeitung von konkreten Wörtern die entsprechenden Hirnbereiche der Sinneseindrücke mit den Hirnbereichen der Sprachverarbeitung kurzfristig eine engere Zusammenarbeit zeigen.

Der spanische Neurowissenschaftler Alfonso Barrós-Loscertales von der Universität Jaume I. (Provinz Valencia) hat in mehreren Experimenten gezeigt, dass konkrete Wörter im Gehirn klare Vorstellungen hervorrufen.

Er testete zusammen mit seinem Team konkrete Begriffe für Geschmackseindrücke wie „Salz" gegen abstraktere wie „Würzmittel". Dabei beobachteten die Wissenschaftler bei den konkreten Wörtern in den für Geschmackseindrücke zuständigen Gehirnregionen eine verstärkte Aktivität. Ähnliches beobachteten sie bei konkreten Wörtern für Geruchseindrücke in den Gehirnregionen, in denen Gerüche verarbeitet werden. Mit anderen Worten: Bei den konkreten Wörtern riechen und schmecken wir im Gehirn deren Bedeutung.

Daraus folgt: Wenn Sie einen Bungalow oder einen Wolkenkratzer meinen, schreiben Sie nicht von „Gebäuden". Schreiben Sie lieber „Äpfel, Birnen und Pflaumen" statt Obst. Sagen Sie nicht „Kleidungsstücke" sondern „Hemd, Hose und Pullover". Dem Leser ist klar, dass die drei Kleidungsstücke nur beispielhaft für viele andere stehen.

Sechste Regel: Halten Sie Ihre Sätze überschaubar
Die deutsche Sprache erlaubt es, die Teile eines Satzes, die zum Verständnis notwendig sind, weit auseinanderzureißen. Dadurch baut sich für den Leser ein Zwischensinn auf, der im Zweifel in die Irre führen kann. Etwa in diesem Beispiel:

> Charlotte platzte, als sie von der Zurückweisung ihres mit vielen ihrer Meinung nach überflüssigen Angaben versehenen Antrages, den sie vor zwei Wochen, als es noch gar keine Aussicht darauf gab, ob er überhaupt je schnell genug entschieden werden würde, an einem sonnigen Montagnachmittag gegen 15 Uhr eingereicht hatte, ob der unangenehmen Art des Beamten, der ihr nun in einem schäbigen Büro gegenübersaß und sie dumm angrinste, der Kragen.

Sicherlich würden Sie einen Satz wie diesen, den ich bewusst so vollgestopft habe, niemals niederschreiben. Oder doch? Andere tun das – gern auch in hochoffiziellen Dokumenten. Wenn ich für meine Seminare Beispiele für komplizierte Sprache und kaum verständliche Texte suche, greife ich gern auf Drucksachen aus dem Deutschen Bundestag zurück. Hier werde ich fast immer fündig. Den Autoren eines Berichts zu den „Herausforderungen einer nachhaltigen Wasserwirtschaft" gelingt es zum Beispiel, folgenden Satz zu Papier zu bringen:

> Vor dem Hintergrund der internationalen Dimension der Wasserproblematik, den Wechselwirkungen mit anderen Infrastrukturbereichen sowie globalen Veränderungen hinsichtlich des Handlungsdrucks und den sich daraus ergebenden Anpassungserfordernissen (Klimawandel mit relevanten Veränderungen der Niederschlagsmengen und deren Verteilung, Bevölkerungsentwicklung, zunehmende Wasserqualitätsprobleme) spielen neben der eigentlichen Umweltpolitik weitere Bereiche wie die Infrastruktur-, Außen-, Entwicklungs- und Forschungspolitik eine wichtige Rolle.

Typisch ist an diesem Satz, dass die Autoren versuchen, möglichst viele Gedanken in einen Satz zu fassen. Dazu packen Sie die Voraussetzungen („vor diesem Hintergrund …") an den Anfang. Erst nach 37 Wörtern folgt das Verb des Satz („spielen"). Danach kommt noch ein Aspekt, der an dieser Stelle keine Rolle spielt, eingeleitet mit „neben". Erst mit dem zweiten Teil des Prädikats am Ende lässt sich der Sinn des Satzes erfassen („spielen … eine wichtige Rolle").

Um einen solchen Satz aufzudröseln, muss man die einzelnen Gedanken neu ordnen, sie in eine neue Reihenfolge bringen und jedem Gedanken einen eigenen Satz gönnen. Wenn ich es richtig verstanden habe (was ich nicht garantieren kann), bedeutet das Zitat folgendes:

> In Fragen der Wasserversorgung spielt international nicht nur die Umweltpolitik eine Rolle. Auch Infrastrukturpolitik, Außenpolitik, Entwicklungspolitik und Forschungspolitik sind beteiligt. Dies liegt daran, dass es eine Wechselwirkung zwischen vielen Faktoren gibt. Deren weltweite Veränderungen zwingen zum Handeln. So regnet es in einigen Regionen deutlich mehr, in anderen deutlich weniger als früher. Die Qualität des Wassers verschlechtert sich vielerorts. Hinzu kommt die Bevölkerungsentwicklung.

Durch diese Maßnahmen wird der Satz bereits deutlich klarer und lässt sich auf Anhieb verstehen, wenngleich einiges unklar bleibt (etwa: Welche Folgen genau hat die Bevölkerungsentwicklung?).

> Packen Sie nicht zu viele Gedanken in einen Satz. Gönnen Sie jedem Hauptgedanken einen eigenen Satz.

Wendungen wie „vor diesem Hintergrund" oder „neben …" deuten darauf hin, dass Sie beim Schreiben im Begriff sind, diese Regel zu brechen.

Manchmal erklären mir Teilnehmer in meinen Schreibseminaren, sie seien stolz darauf, lange und komplizierte Sätze zu bilden. Schließlich zeuge das von einer gewissen sprachlichen Kunstfertigkeit. Das stimmt. Tatsächlich lesen manche Menschen gern schwierige Sätze, allerdings nur dann, wenn es sich um Literatur handelt. Zum Beispiel den ersten Satz des Romans *Der Keller* des österreichischen Schriftstellers Thomas Bernhard (Bernhard 2010):

> Die anderen Menschen fand ich in der entgegengesetzten Richtung, indem ich nicht mehr in das gehaßte Gymnasium, sondern in die mich rettende Lehre ging, gegen alle Vernunft in der Frühe nicht mehr mit dem Sohn des Regierungsrats in die Mitte der Stadt durch die Reichenhaller Straße, sondern mit dem Schlossergesellen aus dem Nachbarhaus an ihren Rand durch die Rudolf-Biebl-Straße, nicht auf dem Weg durch die wilden Gärten und an den kunstvollen Villen vorbei in die Hohe Schule des Bürger- und des Kleinbürgertums, sondern an der Blinden- und Taubstummenanstalt vorbei und über die Eisenbahndämme und durch die Schrebergärten und an den Sportplatzplanken in der Nähe des Lehener Irrenhauses vorbei in die Hohe Schule der Außenseiter und Armen, in die Hohe Schule der Verrückten und der für verrückt Erklärten in der Scherzhauserfeldsiedlung, in dem absoluten Schreckensviertel der Stadt, an der Quelle fast aller Salzburger Gerichtsprozesse und im Keller als Lebensmittelgeschäft des Karl Podlaha, der ein zerstörter Mensch und ein empfindsamer Wiener Charakter gewesen war und der Musiker hatte werden wollen und dann immer ein kleiner Krämer geblieben ist.

Bei einem Marketing- und Vertriebstext habe ich hingegen noch keinen Leser erlebt, der in Begeisterung über eine kunstvolle Verschachtelung ausgebrochen wäre. Das hat gute Gründe: Unser Gehirn kann die Bedeutung der Satzglieder nicht verarbeiten, bevor nicht alle sinntragenden Teile erfasst sind. Lange Sätze belasten das Arbeitsgedächtnis. Im schlimmsten Fall hat die Leserin am Ende des Satzes vergessen, wie er angefangen hat. Bei Blickverlaufsaufzeichnungen lässt sich erkennen, wie Lesern dann nochmals an den Satzanfang springen. Texte werden dadurch mühsam und schwer verständlich.

Siebte Regel: Gliedern Sie Ihren Text so übersichtlich wie möglich
Die meisten Menschen haben bei ihrer Arbeit wenig Zeit. Zu den wichtigsten Fähigkeiten in der Arbeitswelt gehört die Fähigkeit, Informationen schnell zu erfassen und zu verarbeiten. Helfen Sie Ihren Leserinnen und Lesern dabei!

Einen Text gut zu gliedern hat zwei Vorteile:

- Der Leser findet sich leichter in ihm zurecht und kann die Passagen, die für ihn relevant sind, rascher finden.
- Die Autorin wird gezwungen, ihre Gedanken in eine logische Folge zu bringen. Eine gute und nachvollziehbare Gliederung des Texts fördert also das Denken.

Die simpelste Maßnahme, um einen Text zu gliedern, sind Absätze. Jedem Kerngedanken sollten Sie einen eigenen Absatz gönnen. Seien Sie dabei großzügig: Als Faustregel für (aus-)gedruckte Texte gilt, nach zwei bis drei Sätzen einen Absatz zu machen. Das gilt übrigens auch für E-Mails.

Vor allem wenn man für ein Printprodukt arbeitet, neigen einige Autoren dazu, mit Absätzen zu sparsam umzugehen. Wenn der Text den vorgesehenen Platz im Layout überschreitet, streichen manche Autorinnen lieber einen Absatzumbruch als Wörter und Sätze zu kürzen. Tun Sie das im Interesse Ihrer Leser nicht. Im Gegenteil: Den Zwang zum Kürzen sollten Sie als Geschenk verstehen. Meistens wird ein Text durch (moderates) Kürzen besser.

Gut geeignet, um Ihren Text für die Leser übersichtlicher zu machen, sind Zwischenüberschriften. Sie haben mehrere Vorteile:

- Sie helfen dem Leser bei der Orientierung. Oft kann man schon beim Überfliegen erfassen, welches Thema die Abschnitte des Texts behandeln. Vielleicht sucht die Leserin nur Informationen zu einem bestimmten Aspekt, die sich durch die Zwischenüberschriften leichter auffinden lassen.
- Sie bieten eine weitere Ebene für den Leser, um in den Text einzusteigen.
- In Online-Texten lassen sich in der Zwischenüberschrift suchmaschinenrelevante Keywords (Suchbegriffe) unterbringen (mehr dazu im Kap. 4).

Daraus ergibt sich: Zwischenüberschriften sollten eine sinnvolle Aussage beinhalten. Weder ist es hilfreich, darin austauschbare Marketingbotschaften unterzubringen („exzellentes Angebot") noch sie als reine Gliederungstitel zu benutzen („Einleitung", „Hauptteil", „Fazit").

Aufzählungszeichen schaffen Übersichtlichkeit. Wenn Sie etwas aufzuzählen haben, bietet sich eine Liste an, die mit Aufzählungszeichen versehen ist. Ein sehr prägnantes Aufzählungszeichen ist der Aufzählungspunkt (oft als „bullet point" bezeichnet). Blickverlaufsstudien zeigen, dass er die Aufmerksamkeit der Leser auf sich zieht. Die zurückhaltendste Form ist der Spiegelstrich. Daneben können Sie ausgefüllte oder leere Quadrate, Häkchen und vieles andere einsetzen, was die Textverarbeitungsprogramme zu bieten haben.

Allerdings: Übertreiben Sie nicht. Ein Text, der nur noch aus Aufzählungen besteht, wird dadurch nicht übersichtlicher. Kommt es in einem Text zu mehreren Aufzählungen kurz hintereinander, sollten Sie sich für die Ihrer Ansicht nach wichtigste entscheiden. Die anderen belassen Sie als Fließtext.

Entscheiden Sie sich zudem bei den Aufzählungszeichen innerhalb eines Texts auf ein, maximal zwei Varianten. Sonst wird es schnell unübersichtlich und ästhetisch nicht ansprechend.

Vermeiden Sie Aufzählungen von Stichpunkten, die einen Satz zerreißen. Der Leser muss dann nämlich den Satzanfang im Arbeitsgedächtnis behalten, während er versucht, sich die aufgezählten Inhalte einzuprägen.

Ein Beispiel für einen solchen Fehler:
Bitte bringen Sie

- einen Block,
- Stifte,
- ein Laptop,
- verschiedenfarbige Kärtchen

zur ersten Sitzung am Freitag, 12. Mai, mit.
Stattdessen sollten Sie so schreiben:

Bitte bringen Sie zur ersten Sitzung am Freitag, 12. Mai, folgende Gegenstände mit:

- einen Block,
- Stifte,
- ein Laptop,
- verschiedenfarbige Kärtchen.

Einige Hinweise zur Zeichensetzung bei Aufzählungen: Im ersten Beispiel (in der nicht empfohlenen Form) muss nach jedem aufgezählten Begriff ein Komma stehen. In zweiten Fall kann ein Komma stehen. Hier können Sie unter Layout-Gesichtspunkten entscheiden, ob Sie ein Komma setzen wollen oder nicht. Innerhalb eines längeren Texts empfehlen sich Kommas; auf Flyern und Werbekarten sollte man eher darauf verzichten. Besteht die Aufzählung aus vollständigen Sätzen, muss jeder Satz mit einem Punkt beendet werden. Nach der Einleitung zu einer Stichpunktaufzählung steht ein Doppelpunkt. Beispiel:

Bitte beachten Sie:

- Wir liefern auch per Nachnahme.
- Sie können sich zwischen UPS und DHL entscheiden.
- Wir liefern nicht an Paketstationen.

1.7 Geschlechtergerechte Sprache

Das Thema gendergerechte oder genderneutrale Sprache ist hoch umstritten und ruft bei vielen Menschen starke Emotionen hervor. Das gilt in der Regel noch mehr für die Gegner als für die Befürwortenden. Die Kielerin Johanna Usinger, die in ihrer Freizeit einen Blog zur gendergerechten Sprache betreibt, berichtet von heftigen Anfeindungen. Genderwissenschaftler werden als „geisteskranke Fotzen" und „Schwachbratzen" bezeichnet, die mit ihrem Vorhaben den Sprachgebrauch manipulieren und eine männerfeindliche Ideologie verbreiten würden, schreibt sie.

Ich selbst erlebe in meinen Seminaren zwar keine ähnlich hasserfüllte Sprache, aber vielfach Skepsis, oft auch von Frauen. Deshalb folgen hier eine kurze sachliche Auseinandersetzung und einige pragmatische Ratschläge.

Selbst Befürworter und Befürworterinnen räumen ein, dass ein Text nicht eleganter und für die Leserinnen und Leser verständlicher wird, wenn die Autorinnen und Autoren das Gendern konsequent durchziehen. Wie sie es am vorangegangenen Satz sehen können. Das gilt vor allem dann, wenn stets beide Geschlechter genannt werden sollen. Diese Lösung berücksichtigt außerdem nicht Menschen, die sich keinem Geschlecht eindeutig zuordnen. Andererseits kann die Neurolinguistik in vielen Experimenten nachweisen, dass der Sprachgebrauch das Denken beeinflusst. Wenn stets von Ärzten und Krankenschwestern die Rede ist, setzt sich ein Rollenbild fest, das längst schon nicht mehr der gesellschaftlichen Wirklichkeit entspricht.

In der Linguistik spricht man vom generischen Maskulinum, wenn die grammatisch männliche Form verwendet wird, um gemischtgeschlechtliche Gruppen zu beschreiben. Das einfache Maskulinum definiert hingegen das biologische Geschlecht der Beschriebenen. Hier ein Beispiel:

- Manager verdienen im Schnitt mehr als Arbeiter. (Generisches Maskulinum. Gemeint ist: Manager und Managerinnen verdienen im Durchschnitt mehr als Arbeiterinnen und Arbeiter.)
- Manager verdienen im Durchschnitt mehr als Managerinnen. (Einfaches Maskulinum)

Das Beispiel zeigt: Das Argument, beim generischen Maskulinum seien Frauen immer mitgemeint, hat Schwächen. Würden sich Männer wirklich mit angesprochen fühlen, wenn der Satz hieße „Managerinnen verdienen im Schnitt mehr als Arbeiterinnen"? Vermutlich würden die meisten Leser*innen die Aussage als einfaches Femininum interpretieren.

Dabei geht es nicht um gesellschaftliche Umerziehung oder Männerfeindschaft. Wer Texte im Marketing verfasst, der sollte im Blick haben: Frauen sind die Hälfte der Gesellschaft. Sie sind auch Kundinnen. Sie in den Texten anzusprechen, liegt also im Interesse der Unternehmen.

Das Bemühen um eine geschlechtergerechte Sprache lässt sich leicht lächerlich machen. So treibt der Verein Deutsche Sprache (VDS) es in einem öffentlichen Appell einfach auf die Spitze: „Wie kommt der Bürgermeister dazu, sich bei den Wählerinnen und Wählern zu bedanken – ohne einzusehen, dass er sich natürlich ‚Bürgerinnen- und Bürgermeister' nennen müsste? Wie lange können wir noch auf ein Einwohnerinnen- und Einwohnermeldeamt verzichten?"

Das Anliegen derart lächerlich zu machen, mag bei einigen Zielgruppen gut ankommen. In anderen Zielgruppen kann eine nicht gendersensible Sprache zu Abwehrreaktionen führen.

Am häufigsten wird daher empfohlen, neutrale Begriffe vorzuziehen, die kein Geschlecht erkennen lassen. Zum Beispiel Studierende statt Studenten, Teilnehmende statt Teilnehmer, Abteilungsleitung statt Abteilungsleiter. Gelegentlich lassen sich auch Passivkonstruktionen verwenden oder eine direkte Ansprache („Bitte geben Sie Ihre Mäntel ab!" statt „Besucher müssen Mäntel abgeben").

Oft klingt die neutrale Fassung aber gestelzt oder sperrig. Das zeigt sich auf der Internetseite www.geschicktgendern.de, auf der die Bloggerin Johanna Usinger einige hundert Vorschläge gesammelt hat.

In diesem Buch habe ich einen anderen Weg gewählt. Vermutlich ist es Ihnen schon aufgefallen, dass ich manchmal die weibliche, manchmal die männliche Form benutze. Vielleicht haben Sie sich beim Lesen der weiblichen Formen gefragt: Meint der Autor nur Frauen oder sind hier Männer mitgemeint? Genau das war der Sinn: Es sollte Ihnen auffallen. In diesem Fall wäre das eigentliche Anliegen der geschlechtergerechten Sprache erfüllt, nämlich in Erinnerung zu rufen, dass fast immer auch Frauen gemeint sein können.

Einige generelle Tipps für gendergerechte Sprache
Am wenigsten elegant ist es in vielen Fällen, beide Geschlechter zu nennen, zum Beispiel Kundinnen und Kunden. Das gilt vor allem, wenn von mehreren Personengruppen die Rede ist und deshalb die Doppelform mehrmals hintereinander folgt. Zusätzliche Schwierigkeiten ergeben sich, wenn im folgenden Satz das Personalpronomen verwendet wird (er bzw. sie).

Je nach Kontext kann man

- neutrale Formen verwenden („Teilnehmende", „Studierende", „Geflüchtete");
- den geschlechterneutralen Plural verwenden (statt „Mitarbeiterinnen und Mitarbeiter" zum Beispiel „die Angestellten");
- unpersönliche Pronomina verwenden (statt „Teilnehmerinnen und Teilnehmer" zum Beispiel „alle, die teilgenommen haben");

- geschlechtsneutrale Endungen verwenden (statt „Lehrerinnen und Lehrer" zum Beispiel „Lehrkräfte" oder „Lehrpersonen"; statt „Leiterinnen und Leiter" zum Beispiel „die Leitung");
- direkte Ansprache nutzen (statt „den Kundinnen und Kunden steht eine Fachberatung zur Verfügung" z. B. „Ihnen steht eine Fachberatung zur Verfügung").

Ausgesprochen umstritten sind schwer lesbare Formen, die zudem Ausspracheprobleme bereiten. Darunter fällt das große Binnen-I („LeserInnen"), der Unterstrich („Leser_innen") und vor allem das Gender-Sternchen („Leser*innen"). Letzteres soll zusätzlich alle Personen einbeziehen, die sich keinem Geschlecht zuordnen wollen. Das mag für viele Leser*innen ungewohnt sein – aber Gewohnheiten verändern sich mit der Zeit.

> Pflegen Sie am besten einen pragmatischen Umgang mit der geschlechtergerechten Sprache. Orientieren Sie sich an Ihrer Zielgruppe – nicht an Ihrem persönlichen Geschmack. Für eine junge, urbane, weibliche und generell progressivere Zielgruppe können Sie mit den Formen experimentieren. Wollen Sie vorwiegend heterosexuelle Männer im gesetzteren Alter oder ein konservativeres Publikum ansprechen, bleiben Sie beim generischen Maskulinum.

Falls Sie sich für ungewöhnlichere Formen entscheiden: Stellen Sie sich auf heftige Proteste vor allem in den sozialen Netzwerken ein. Vielleicht entspricht eine entsprechende Aufregung, die ja auch Aufmerksamkeit bedeutet, genau Ihrer Marketingstrategie, ähnlich wie die Rasierapparat-Herstellerfirma Gillette mit einem YouTube-Werbespot zum „toxischen Männlichkeit" provoziert hat.

1.8 Denglisch und Anglizismen

Das zweite Sprachthema, bei dem die Emotionen für gewöhnlich hochgehen, ist Denglisch. Darunter versteht man zumeist einen deutschsprachigen Text, der mit zahlreichen englischen Wörtern oder englischsprachigen Lehnwörtern durchsetzt ist.

Denglisch oder Anglizismus?
Häufig werden die Begriffe Denglisch und Anglizismus synonym gebraucht. Denglisch ist der populärere, aber abwertende Begriff. Anglizismus ist die wissenschaftliche Bezeichnung. Anglizismen gibt es auf lexikalischer und auf grammatischer Ebene.

Lexikalisch bedeutet auf Wortebene. Das reicht von völlig eingebürgerten Bezeichnungen wie Computer bis zu Asset und canceln. In der Regel werden diese Wörter der deutschen Grammatik unterworfen, also zum Beispiel „zu canceln" statt „zu cancel" und „gecancelt" statt „canceled".

Grammatisch bedeutet, dass grammatische Strukturen der Fremdsprache übernommen werden, zum Beispiel: „das macht Sinn" von „to make sense" statt „das ergibt Sinn" oder die Hauptsatzstellung nach „weil": „Ich tue dies, weil ich weiß es nicht besser" statt „Ich tue dies, weil ich es nicht besser weiß".[3]

Auf der deutschsprachigen Internetseite der Privatbank Hauck und Aufhäuser (Privatbankiers seit 1796) zum Beispiel können sich Kunden des Private Banking über Asset Servicing und Asset Management an den Financial Markets informieren. Sie können ihr Private Office einrichten, um dort Risiko Overlay zu betreiben oder in Non-Profit-Organisationen zu investieren.

Hinzu kommen bei vielen Finanzdienstleistern die englischen Bezeichnungen für Finanzprodukte, Dienstleistungen (M&A für „Merger and Aquisition", also Fusion und Erwerb von Unternehmen) und sogar für die Gebühren (die lieber harmlos „fee" genannt werden – was ihnen im Deutschen gleich etwas Märchenhaftes verschafft).

Der Journalist Manfred Gburek schreibt dazu in der Wirtschaftszeitschrift *Brand Eins* (Gburek 2008):

---

[3] Dieser Fall ist übrigens ein schönes Beispiel dafür, dass sich Einflüsse auf eine sich wandelnde Sprache nicht immer genau bestimmen lassen. Handelt es sich um eine Übernahme aus dem Englischen, wo auch in kausalen Nebensätzen die Hauptsatzstellung folgt („because it is ...") oder um eine Angleichung innerhalb des Deutschen, „denn" nach denn folgt grammatisch korrekt die Hauptsatzstellung. Forscher des Max-Planck-Instituts für Psycholinguistik in Nijmegen haben das Phänomen untersucht. Sie kommen zu dem Ergebnis, dass es vorwiegend in der mündlichen Sprache vorkommt – und zwar immer dann, wenn die Sprecherin noch nicht weiß, wie sie den Satz zu Ende bringen will. Wissenschaftlicher ausgedrückt: „Anhand der Datenlage konnten die beiden Forscher zeigen, dass falsche Weil-Sätze häufiger produziert werden, wenn die Sprechenden nicht mehr genügend Planungszeit bzw. -kapazität aufbringen können, um den komplexen Satz – bestehend aus Haupt- und Nebensatz – fertigzustellen".

Die Motive für solcherlei Wortsalat werden von den Verantwortlichen hinter vorgehaltener Hand sogar zugegeben: Es geht um Verschleierung. […] Die meisten Finanzprodukte sind an sich schon so komplex, dass sie der Beratung bedürfen. Das Salär dafür ist traditionell in der Zinsspanne oder Vertriebsprovision enthalten und wird unabhängig von der Beratungsqualität fällig. Doch in den vergangenen Jahren ließen sich immer weniger Kunden auf die Geldschneiderei ein; sie wanderten in Scharen zu Direktbanken und -versicherern ab, ohne ein Beratungsdefizit zu verspüren. Die Reaktion der etablierten Anbieter bestand jedoch nicht in besserer Beratung, sondern darin, dass sie ihre Finanzprodukte noch komplexer gestalteten und schließlich fast nur mit englischen Namen versahen.

Die Hoffnung der Finanzdienstleister, durch eine komplizierte Sprache ihre Kompetenz zu demonstrieren, ist jedoch trügerisch. Einer Umfrage im Auftrag der Eurogroup Consulting zufolge wünschen sich nahezu drei Viertel der Bankkunden einfache, leicht verständliche Unterlagen. Jeder dritte Bankkunde beklagte, dass sein Bankberater die Produkte nicht klar und verständlich erläutern konnte. Schuld daran tragen nicht zuletzt die vielen englischsprachigen Begriffe. Eine Studie der Universität Hohenheim und der Firma H&H Communication Lab (sic!) fand zum Beispiel folgenden Satz in den Unterlagen einer Bank:

> Die Portfolio-Zusammensetzung des AXA WF Global Income Generation verbindet eine konsequente Bottom-up-Strategie mit dem „3D-Ansatz" von AXA IM – Diversifikation, dynamische Asset-Allokation und Risikobegrenzung.

Die Hohenheimer Studie kommt insgesamt zu dem Ergebnis, dass sich die Situation verbessert. Einige Banken können bereits recht gut verständliche Informationsangebote vorweisen.

Nicht nur die Finanzbranche setzte lange auf (d)englische Begriffe. Im Jahr 2003 gründete sich ein Verein von kleinen Familienbäckereien, die beim Backen auf Backbeschleuniger verzichten und dem Teig die Zeit zum Reifen lassen. Damals nannte sich der Verein Slow Baking. Sieben Jahre später war er pleite. Einige Mitglieder formierten sich unter dem englisch-deutschen Namen „Slow Food. Die Bäcker" neu. Daraus wurde dann 2011 „Die Bäcker. Zeit für Geschmack". Dieser rein deutschsprachige

Name war ideal. Die Wörter Bäcker, Zeit und Geschmack sind positiv belegt und werden von jedem Menschen verstanden. Leider verschlimmbesserten die Vereinsmitglieder 2016 die Sache. Seitdem nennen sie sich „Die Bäcker. Zeit für Verantwortung". Das mag gesellschaftlich nobel gedacht sein (man fühlt sich nicht nur dem Geschmack, sondern gleich der ganzen Welt über verantwortlich), aber leider ist Verantwortung ein viel abstrakterer Begriff als Geschmack.

Denglisch für junge Zielgruppen?
Englische Bezeichnungen sollen vermutlich Modernität und Jugendlichkeit ausstrahlen. Ist also das Denglische beim Marketing für eine jugendliche Zielgruppe sinnvoll? Zum Teil. Die Jugendsprache übernimmt durch den Einfluss der Populärkultur in der Tat viele englischsprachige Begriffe. „Chillen" und „dissen" sind zwei der bekanntesten Beispiele. Deshalb kann man im Marketing anders als bei einer älteren Zielgruppe nicht von einer breiten Ablehnung englischsprachiger Begriffe in der deutschen Sprache ausgehen. Allerdings sind die Englischkenntnisse junger Menschen oft weniger gefestigt als viele annehmen. Zudem haben auch junge Menschen erkannt, dass englischsprachige Bezeichnungen oft nur schöner Schein sind.

Eine Umfrage des Bundesinstituts für Berufsbildung unter 2400 Auszubildenden hat ergeben: „Nur 18 % der weiblichen und 9 % der männlichen Jugendlichen finden englischsprachige Berufsbezeichnungen attraktiver als die deutschen Namen. [...] Den Jugendlichen ist es aber wichtig zu betonen, dass ihre Ablehnung englischsprachiger Namen nichts mit Deutschtümelei oder gar überzogenem Nationalismus zu tun hat", fassen die Wissenschaftler die Ergebnisse zusammen. Zur Begründung schreibt eine 18-jährige Studentin: „Berufe, die eine beschönigende Bezeichnung erhalten, um attraktiver zu klingen als sie sind, und englische Berufsbezeichnungen finde ich nicht o.k. Sie sagen zu wenig aus und lenken ab. Außerdem sollte man meiner Meinung nach deutsche Begriffe und Wörter erhalten und nicht so vieles durch englische ersetzen". Ein 17-jähriger Kochlehrling findet: „Ich bin für klare deutsche Berufsbezeichnungen. Man weiß besser, womit man es zu tun hat!".

Sprachenmischung ist kein neues Phänomen
Die Vermischung von Sprachen ist nicht gänzlich neu. Schon im Barock regten sich Sprachpuristen darüber auf, dass die Gebildeten das Deutsche mit lateinischen und französischen Ausdrücken durchsetzten. So findet sich in einem Beschwerdebrief aus dem Jahr 1657 der Stände von Kleve an ihren Landesherren, den Kurfürsten von Brandenburg, folgender Monstersatz:

> In solchem unserem unterthänigsten zu Gottes Ehre und dieses Landes besten zielenden Eifer (welcher obgemegelten eigennützigen Menschen nicht bewohnt) befinden wir wegen unser pro conservation privilegiorum et boni publici abgelegten Pflichten uns genöthigt, gegen diese gegenwärtigen und von uns nicht bewilligten Umlagen gnädigst angefohlene Werbung, Einfuhr und Verpflegung der Kriegsvölker vorgemelte unsere unterthänigsten remonstrationes abgenöthigte protestationes und Landtagshaltungen zu erwiedern und uns darauf beliebter Kürze zu beziehen, uns besorgend, wir möchten tacendo sündigen, in diesen gegenwärtigen Krieg uns einflechten, und gleich andern E. Ch. D. Land und Leute zu Grunde gehen, mit Feuer und Schwert heimgesucht und alle in's Elend und Gefängniss gestürzt werden.[4]

Schon 40 Jahre vor diesem Schreiben hatten einige Sprachfreunde in Weimar die Fruchtbringende Gesellschaft gegründet, mit dem Ziel „daß man die Hochdeutsche Sprache in jhren rechten wesen und standt ohne einmischung frembder außländischer wort auffs möglichste und thunlichste erhalte". Bis dahin offenbar erfolglos.

Der Barockdichter Philip von Zesen (1619–1689) erfand zahlreiche neue deutsche Wörter (das Fremdwort dafür lautet Neologismen). Sie sollten die fremdstämmigen Lehnwörter ersetzen. Auf ihn gehen unter anderem zurück: die Anschrift (statt Adresse), der Augenblick (statt Moment), der Emporkömmling (statt Parvenü), der Kreislauf (statt Zirkulation), der Freistaat (statt Republik), die Leidenschaft (statt Passion), die Bücherei (statt Bibliothek), der Abstand (statt Distanz) und der

---
[4] Zitiert nach: Christopher Clark (2018): Von Zeit und Macht. Herrschaft und Geschichtsbild vom Großen Kurfürsten bis zu den Nationalsozialisten. München: DVA, S. 49 f.

Nachruf (statt Nekrolog). Andere Wortschöpfungen Zesens haben sich nicht durchgesetzt. Niemand sagt Leuthold statt Patriot, Dörrleiche statt Mumie oder Meuchelpuffer statt Pistole. Von Zesen war so erfolgreich wie umstritten, dass manche Kritiker ihn verballhornten und ihm zuschrieben, er wollte Nase durchs Gesichtserker ersetzen.

Im 19. Jahrhundert haben Sprachfreunde (oder Sprachpuristen, wie man's sieht), viele französische Fachbegriffe aus dem Post- und Eisenbahnwesen ins Deutsche übertragen. So wurde aus dem Perron der Bahnsteig und aus dem Couvert (später: Kuvert) der Briefumschlag.

Es fällt auf, dass die meisten übernommenen Wörter heute neben dem Lehnwort existieren. Das gilt noch heute: Manchmal sprechen wir vom Herunterladen, ein anderes Mal sagen wir downloaden. In einigen Fällen hat sich ein Bedeutungsunterschied etabliert.

Selbst die Kritik am Einfluss des Englischen auf die deutsche Sprache ist nicht neu. Im Jahr 1899 veröffentlichte der Germanist und Gymnasiallehrer Hermann Dunger einen Vortrag mit dem Titel „Wider die Engländerei in der deutschen Sprache". Er beklagte: „Englisch ist jetzt fein, Englisch ist Trumpf! Für manchen jungen Deutschen ist es das höchste Ziel seines Ehrgeizes, für einen Engländer gehalten zu werden. Wie der Deutsche früher der Affe des Franzosen war, so äfft er jetzt den Engländer nach."

Nach Schätzungen von Experten haben zwischen 4 und 10 % des deutschen Wortschatzes Wurzeln im Englischen. Dazu gehören allerdings Wörter, die nicht mehr als Anglizismen wahrgenommen werden. Zum Teil sind sie seit Jahrzehnten eingedeutscht. Zum Beispiel: Keks (von „cake"), Schal (von „shawl"), boykottieren, flirten, streiken, stoppen, parken, trainieren, fit, fair, Manager, Konzern, Internet und Tourismus. Eine Untersuchung des Instituts für Deutsche Sprache (IDS) an der Universität Mannheim, befasste sich mit „kommunikativ relevanten" Neologismen in den 1990er-Jahren. Sie ergab, dass von zehn neuen Wörtern vier Anglizismen sind, vier deutsche Bildungen und zwei Mischformen (wie Eventkultur und Bungeespringen).

Mit Sicherheit sind die Anglizismen kein Beweis für den Untergang der deutschen Sprache. Zurzeit sprechen etwa 100 Millionen Menschen Deutsch als Muttersprache, weitere 30 Millionen beherrschen es als Zweitsprache. Es gehört damit zu den zehn meistgesprochenen Sprachen der Welt. Es ist also sehr unwahrscheinlich, dass Deutsch in absehbarer Zeit verschwindet. Dieses Schicksal droht vielmehr den meisten der rund 6500 noch existierenden Sprachen auf der Welt. Viele davon werden nur noch von wenigen Dutzend oder Hunderten Menschen beherrscht. In Europa sind zum Beispiel zahlreiche Ausprägungen des Keltischen vom Aussterben bedroht.

Es gibt in der Geschichte der menschlichen Sprache nur wenige Beispiele, in denen die Sprachen großer Gemeinschaft mit vielen Sprechern fast vollständig verdrängt wurden. Dies geschah meist bei großer kultureller Überlegenheit, durch Eroberung oder massiven politischen Druck, wie bei der Verdrängung von Regionalsprachen in Frankreich nach der Französischen Revolution. Viel häufiger nahmen Sprachen durch kulturellen Austausch Wörter und grammatische Eigenheiten aus anderen Idiomen auf. Eines der weitgehendsten Fälle ist das moderne Englisch: Es ging aus der Verschmelzung des Altenglischen mit dem Französischen der normannischen Eroberer hervor.

Sowohl diese historischen Debatten als auch die aktuelle Denglisch-Diskussion wird leider durch Sprachpuristen bestimmt, die eine Art von Reinerhaltung der Sprache propagieren. Das ist Unsinn, denn Sprache lebt davon, neue Elemente in sich aufzunehmen. Nur so bleibt sie lebendig. Es kann also bei der Diskussion um Anglizismen nur darum gehen, sich für die angesprochenen Leserinnen und Zuhörer verständlich und präzise auszudrücken.

Tipps für den Umgang mit Denglisch
Mit diesen Überlegungen im Hinterkopf empfiehlt sich ein nüchterner und pragmatischer Umgang mit Anglizismen. Dabei helfen folgende Fragen:

- Verstehen Ihre Leser ein englischstämmiges Wort? Fast niemand dürfte Schwierigkeiten mit Manager haben. Bei Assetmanagement ist das schon etwas anderes.
- Lässt sich das englischstämmige Wort durch ein deutsches ersetzen? Oder verschiebt sich dabei die Bedeutung? Ein Poster ist etwas anderes als ein Plakat (übrigens eine Entlehnung aus dem mittelfranzösischen mit einem Umweg über das Niederländische).

- Ist das englischsprachige Wort ein Fachbegriff oder ein Imponierbegriff? Ein Exchange Traded Fund (ETF) bezeichnet als Fachbegriff eine ganz bestimmte Art von Finanzfonds. Privat Banking lässt sich hingegen problemlos mit (je nachdem) Privatbankengeschäft oder persönliche Finanzen bezeichnen.
- Erzielen die englischstämmigen Begriffe die beabsichtigte Wirkung beim Zielpublikum? Oder wirken sie bei den Lesenden eher lächerlich? Adidas kann seine Laufschuhe „Ultraboost" nennen und seine Windjacken als „clima proof" bewerben. Das „Hair Design" eines Friseursalons in einer pommerschen Kleinstadt geht hingegen am Publikum vorbei.
- Gibt es überhaupt eine brauchbare Übersetzung oder bezeichnet das englischstämmige Wort etwas, für das es im Deutschen (noch) keine Entsprechung gibt? So werden für „sophisticated" unter anderem die Übersetzungen raffiniert, anspruchsvoll, ausgereift, weltklug und kultiviert vorgeschlagen. Keine davon trifft die Bedeutung ausreichend.
- Lassen sich deutsche Neubildungen aus englischen Wörtern unfallfrei international verwenden? Ein „body bag" ist für Englischsprachige keine Tasche, sondern ein Leichensack. Der Back-Shop ist eine Hybridform, deren erster Teil unglücklicherweise im Englischen ebenfalls eine (abweichende) Bedeutung hat. Ausnahmen sind eingebürgerte Begriffe wie Handy.

1.9 Wie falsch darf Marketing-Deutsch sein?

Gibt es einen Maßstab für gutes Deutsch? Wie weit dürfen Sie als Autorin für Marketing- und Vertriebstexte die standardsprachlichen Regeln beugen? Die Antwort darauf ist undogmatisch: Gehen Sie so weit, wie Sie es für Ihre Zielgruppe für richtig halten.

Werbetexter können sich dabei in der Regel weiter vorwagen als Marketingtexter. So erzielten die inzwischen klassischen Werbesprüche „Da werden Sie geholfen" und „Deutschland meiste Kreditkarte" erst dadurch Aufmerksamkeit, dass sie grammatisch falsch waren. Der Reiz lag darin, dass die meisten Menschen bemerkten, dass es sich um einen Grammatikfehler handelte. Ziel der falschen Grammatik war also ein Moment der

Irritation, der die Leserin veranlasste, sich einen Moment länger als üblich mit dem Werbespruch und dem Produkt zu beschäftigen.

Im Marketing und noch mehr im Vertrieb sollten Sie eher zurückhaltend sein. Schließlich sollen Ihre Texte nicht klingen, als seien sie mithilfe des Google-Übersetzungsprogramms mehr schlecht als recht ins Deutsche übertragen worden.

Was aber, wenn Ihre Zielgruppe sprachliche Besonderheiten aufweist? Das können Varianten sein, die vom Dialekt geprägt sind. Oder Formen, die es nur in bestimmten Region üblich sind? In Österreich und Südtirol spricht man gelegentlich davon, Geld vom Konto zu beheben. Der standarddeutsche Ausdruck lautet abheben. In Österreich heißt der Januar „Jänner", in der Schweiz bezeichnet der „Kollege" einen Menschen, den man in Deutschland „Kumpel" nennen würde. Und das Fahrrad ist dort das „Velo". In einigen Fällen unterscheidet sich das grammatische Geschlecht je nach Landstrich.

Als Texter sollten Sie sich am Gebrauch in der Zielgruppe orientieren. Das gilt auch für die Rechtschreibung. Ersetzen Sie zum Beispiel bei Texten, die sich an ein Schweizer Publikum richten, alle ß durch ss.[5]

Schwieriger wird es, wenn es sich nicht um einen Dialekt, sondern um einen Soziolekt oder einen Ethnolekt handelt. Mit diesen Begriffen bezeichnen Linguisten Varietäten der Standardsprache, die für eine bestimmte Gruppe typisch sind. Bei Soziolekten sind das zum Beispiel schichtspezifische Besonderheiten; zu den Ethnolekten gehört Kanak Sprak, ein reduziertes Deutsch, das mit Wörtern und grammatischen Strukturen aus dem Türkischen und Arabischen durchsetzt ist. Zu den Eigenheiten gehört unter anderem, dass die Artikel wegfallen („Ich geh' Bahnhof"). Einige dieser Besonderheiten sind in die Jugendsprache eingegangen.

In der Regel sollten Sie nicht versuchen, diese Sprachvarietäten zu kopieren. Die meisten Nutzerinnen und Nutzer sind sich sehr wohl bewusst, dass diese Formen nicht dem Standarddeutschen entsprechen. Sie werden also Texte, die so geschrieben sind, entweder als anbiedernd empfinden oder das Gefühl bekommen, man wolle sich über sie lustig machen.

---

[5] Für alle Schweizer Leserinnen dieses Buchs: Umgekehrt ist es natürlich aufwendiger, da nicht alle ss zu ß werden. Es lohnt sich dennoch, weil diese Schweizer Besonderheit anderen deutschsprachigen Lesern wie ein Rechtschreibfehler vorkommt.

Ausnahmen sind jene Fälle, in denen der Sprachgebrauch authentisch wirkt, etwa bei einem Blog eines migrantischen Jugendlichen.

Hintergrund: Was ist gutes Deutsch?
Sind wir Zeugen eines Verfalls der Sprache? Oder sind wir gar Mittäter eines Meuchelmords am guten Deutsch? In der öffentlichen Debatte über die Sprache beklagen viele, dass die deutsche Sprache durch Anglizismen, schnoddrigen Gebrauch, unfähige Deutschlehrer und den Qualitätsverlust des Deutschunterrichts allgemein, durch fremde Einflüsse und Nachlässigkeit der Älteren, durch das Internet und die sozialen Medien, die Emoji-Sucht der Jüngeren – kurz, durch den Sprachwandel immer weiter veröde. Manchmal sind die Klagen über den Niedergang der Sprache selbst in haarsträubend schlechtem Deutsch verfasst, einer Kombination aus Fehlern in der Zeichensetzung, der Rechtschreibung und der Grammatik – wie in folgendem Beispiel aus einer Internetdebatte „zum Schutz der deutschen Sprache": „Der, meiner Meinung aus Selbstverachtung begründbare, Austausch gewohnter deutscher Worte, Begriffe und Redewendungen, durch englische, englisch klingende oder so genannten Denglizismen, ist anzuprangern da er langfristig zum Verlust eines wesentlichen Merkmals deutscher Identität führt, mit all den unerwünschten Nebenwirkungen."

Der amerikanische Linguist und Kognitionswissenschaftler Steven Pinker hat zu dieser Form der Sprachkritik in seinem Schreibratgeber *The Sense of Style* bemerkt (Pinker 2014):

> Wenn Menschen älter werden, verwechseln sie den Wandel, dem sie selbst unterliegen, mit dem Wandel in der Welt und den Wandel in der Welt mit Niedergang – die Illusion der guten alten Zeit. Deshalb glaubt jede Generation, die Jugend würde die Sprache in den Abgrund reiten und die ganze Zivilisation mitreißen.

In Wirklichkeit wandelt sich Sprache sich mit jeder Generation. Dieser Wandel hat sich in den letzten 500 Jahren eher verlangsamt, weil die Sprache schriftlich festgehalten wird und die Schule eine Standardform längerfristig festschreibt. Indigene, ausschließlich mündlich verbreitete Sprachen wandeln sich wesentlich rascher.

Umfangreiche Lautverschiebungen, die den Charakter einer Sprache enorm verändern, wären heute nicht mehr denkbar. Das Deutsche hat auf dem Weg vom Urgermanischen zum heutigen Neuhochdeutschen zwei solcher Lautverschiebungen mitgemacht. Die erste Lautverschiebung in der zweiten Hälfte des ersten vorchristlichen Jahrhunderts vollzog sich vom Indoeuropäischen zum Germanischen. Durch die zweite Lautverschiebung ab der Mitte des ersten nachchristlichen Jahrtausends entstand das heutige Deutsch.

Mit dem Begriff der Lautverschiebung bezeichnen Sprachwissenschaftler ein Massenphänomen im Sprachwandel, bei denen die Sprecher in relativ kurzer Zeit bestimmte Konsonantenkombinationen verändern. Ein Beispiel: Aus pp wird pf. Das Niederdeutsche und das Englische haben die zweite Lautverschiebung der germanischen Ursprache nicht mitgemacht. Deshalb heißt es dort „Appel" bzw. „apple" statt „Apfel". Oder aus d wurde t (Germanisch „dag"; Englisch „day"; Neuhochdeutsch „Tag").

Wie stark der Wandel die Sprache beeinflusst hat, wird deutlich, wenn man sich den Anfang des althochdeutschen Hildebrandslieds aus dem 9. Jahrhundert anschaut:

> Ik gihorta dat seggen, ðat sih urhettun ænon muotin, Hiltibrant enti Haðubrant untar heriun tuem. sunufatarungo iro saro rihtun, garutun sê iro guðhamun, gurtun sih iro suert ana, helidos, ubar hringa do sie to dero hiltiu ritun.

Es ist für einen heutigen Leser kaum zu verstehen. Leichter fällt uns da schon das Vaterunser in dieser Fassung im Mittelhochdeutschen (um 1300):

> vater unser der da bist in den himeln.
> geheiliget wert din name.
> zuo kom din rieh.
> din wille gewerde in der erden als in dem himele.

Martin Luthers Version etwa 220 Jahre später klingt sehr ähnlich und ist auch für heutige Leser mit einiger Mühe verständlich (bei angepasster Rechtschreibung wäre es noch einfacher):

Vnser vater ynn dem hymel.
Deyn name sey heylig.
Deyn reych kome.
Deyn wille geschehe auff erden wie ynn dem hymele.

Würden Sie sagen, dass zwischen dem Hildebrandslied und Luthers Vaterunser ein Sprachverfall zu beobachten ist? Und so geht das weiter in der Sprachgeschichte: Ist Goethe schlechteres Deutsch als der Barockdichter Grimmelshausen? Schrieb Thomas Mann schlechteres Deutsch als Schiller? Wohl kaum. Man kann keinen Moment definieren, an dem die deutsche Sprache ihren Höhepunkt erreicht hat – und von da an ging es nur noch bergab.

Wenn schlechtes Deutsch richtig ist
Was bedeuten diese Überlegungen für Autoren von Texten für Marketing und Vertrieb?

1. Sie sind nicht die Hüter der deutschen Sprache. Für Sie zählt die Wirkung bei der Zielgruppe. Wenn Sie diese mit Texten erreichen, die nicht dem Standarddeutsch entsprechen, dann schreiben Sie entsprechend.
2. Die Regel Nummer 1 ist keine Ausrede für Schlampigkeit. Wenn Sie im Sinn des Standarddeutschen Fehler machen, dann machen Sie sie bewusst, weil Ihnen die Wirkung wichtiger ist als die Regeln.
3. Halten Sie sich in den meisten Fällen an die Regeln. Denn viele Leserinnen und Leser beurteilen die Glaubwürdigkeit ihrer Texte danach, ob sie korrekt sind. Je gebildeter Ihre Zielgruppe ist, desto wichtiger wird es, korrektes Deutsch zu schreiben.

Für Sie bedeutet dies, dass Sie mit den Regeln des Standarddeutschen vertraut sein müssen. Das gilt für Grammatik, Rechtschreibung und Zeichensetzung. Wenn Sie die Regeln brechen, sollten Sie begründen können, warum und zu welchem Ziele sie es tun.

> Wenn ein Text sprachlich ungelenk daherkommt, schreckt er jene Leserinnen ab, die den korrekten Sprachgebrauch beherrschen.

Zwei Beispiele: Die folgenden Formulierungen aus einem Marketingtext für ein Buch sind grammatisch falsch: „wegen dem Vergehen" (statt „wegen des Vergehens"), „kamen in Einsatz" statt „kamen zum Einsatz" und „man kann die Ereignisse an den Finger der Hand abzählen" statt „an den Fingern einer Hand abzählen". Die Fehler, so banal sie scheinen mögen, mindern für sprachlich versierte Leser die Glaubwürdigkeit des gesamten Texts.

Im Schaufenster eines Münchner Sportartikelhändlers hängt ein Plakat mit folgender Aufschrift:

> Wir sind lulelemon. Ein Sportbekleidungsunternehmen, für das Schwitzen, Spaß und die Entwicklung funktioneller Produkte, die unsere Gäste lieben, an erster Stelle stehen. Tief im Yoga verwurzelt, glauben wir fest an die Kraft täglicher Bewegung. Und wir sind stolz darauf, unsere Community zu inspirieren und sie zu motivieren, rauszugehen und ihr bestes Leben zu führen.

Der Text klingt wie eine misslungene Übersetzung aus dem Englischen. Verschlungene Satzkonstruktionen, Ausdrucksfehler („für das" statt „bei dem"), Zeichensetzungsfehler, ungelenke Formulierungen („bestes Leben zu führen") und schiefe Bilder („im Yoga verwurzelt" – „Bewegung") lassen an der Professionalität nicht nur der Autorinnen, sondern des ganzen Ladens zweifeln.

Rechtschreibung und Zeichensetzung
Stellen Sie sich vor, Sie erhalten folgende E-Mail von einem Geschäftspartner:

> Hallo Frau XY
> schön das es mit dem Telefonat gestern geklapt hat.
> Ich habe Ihnen mal eine Zusammenstellung gemacht wo sie sehen können wie unser angebot aussieht.
> Ich glaube dass ist eine intersannte Perspektive die wir da haben. Ich werde Ihnen in den nechsten tagen noch weitere Informationen zukommen lassen. Und freue mich auf ihr feedback.
> Viele Grüße

Diese konkrete E-Mail wurde von mir erfunden. Alle Fehler darin sind allerdings real. Sie sind in echten Schreiben aufgetaucht, die ich von verschiedenen Kunden zur Vorbereitung von Seminaren erhalten habe. Selbst die Häufung der Fehler ist nur leicht übertrieben.

Für die an Fehlern bei Rechtschreibung und Zeichensetzung reichen Texte gibt es zwei mögliche Erklärungen:

- Die Autorinnen und Autoren haben eine Rechtschreibschwäche und sind unsicher in den Regeln der Zeichensetzung. Sofern es sich nicht um eine angeborene Lese-Rechtschreib-Schwäche (Legasthenie) handelt, lässt sich dieses Problem nur durch Pauken der Regeln beikommen. Das gilt besonders für die Kommaregeln. Hier beobachte ich seit Jahren bei Angehörigen aller Altersgruppen erhebliche Defizite. Sie lassen sich auch nicht mit der Rechtschreibreform von 1996 erklären, denn die meisten Fehler sind von den neuen Regeln nicht betroffen – sie waren schon immer Fehler.
- Die Autorinnen und Autorinnen arbeiten schlampig. In vielen Fällen habe ich festgestellt, dass die Schreiber die korrekte Rechtschreibung beherrschen, sie aber nicht anwenden oder die Fehler in einer E-Mail nicht korrigieren. Oft sind Falschschreibungen darauf zurückzuführen, dass die Texte in ein Smartphone getippt wurden und die Autorinnen das Geschriebene nicht mehr zur Korrektur gelesen haben. Nicht selten führt zum Beispiel die Autokorrektur zu (unfreiwillig) witzigen Ergebnissen.

Meist werden sich bei noch so sorgfältigem Korrekturlesen nicht alle Fehler vermeiden lassen. Diese Erfahrung habe ich selbst schon bei vielen meiner Bücher (womöglich auch bei diesem) gemacht: Ich bin den Text vier- bis fünfmal durchgegangen, dann folgte eine Korrektur durch den Lektor, dann nochmals durch mich und schließlich durch eine Korrektorin. Kaum hatte ich das gedruckte Buch in der Hand und schlug irgendeine Doppelseite auf, stach mir ein Druckfehler ins Auge.

> Lesen Sie jeden Text vor der Veröffentlichung noch einmal durch. Drücken Sie bei keiner E-Mail auf Senden, bevor Sie sie nicht inhaltlich, sprachlich und in Bezug auf Rechtschreibung und Zeichensetzung überprüft haben.

Am besten, Sie gewöhnen sich bei wichtigeren Texten drei Korrekturschritte an:

- Im ersten Schritt überprüfen Sie Ihren Text nur auf Logik. Ist die Argumentation stringent? Oder gibt es Lücken in der Argumentation? Kann ein unvoreingenommener Leser verstehen, was Sie argumentieren? Denken Sie dabei Satz für Satz durch: Kann ich dessen Aussage verstehen, wenn ich noch nicht weiß, was der Text ja erst vermitteln soll? Es gehört zu den häufigen Fehlern, dass die Autorin eines Texts nicht berücksichtigt, dass der Leser nicht weiß, was sie als Schreibende weiß.
- Im zweiten Schritt bearbeiten Sie den Text sprachlich. Wenden Sie alle Regeln für Klarheit und Verständlichkeit an, die Sie bislang in diesem Ratgeber gelernt haben.
- Im dritten Schritt achten Sie nur noch auf Korrektheit: Sind alle Namen richtig geschrieben? Stimmen die Zahlen? In einem Text habe ich einmal die Bemerkung gefunden, ein Milliardenprojekt koste einen „sechsstelligen Betrag". Stimmen die Titel und Berufsbezeichnungen? Stimmen die Rechtschreibung und die Zeichensetzung?

Wichtige Rechtschreib- und Zeichensetzungsregeln
Ein häufiger Rechtschreibfehler: Die Autoren verwechseln „dass" und „das". Dabei sind die Regeln dahinter grundsätzlich nicht schwierig.

- „Dass" ist eine Konjunktion (zu Deutsch: Bindewort), die einen Nebensatz einleitet. Beispiel: „Ich habe mir notiert, dass Sie morgen unserer Vertriebschefin telefonieren möchten."
- „Das" ist ein Artikel („das Angebot") oder ein Pronomen („Ich schicke Ihnen hiermit das Angebot, das ich gestern mit unserer Vertriebschefin abgestimmt habe.") Faustregel: Dieses „das" lässt sich durch „jenes", „dieses" oder „welches" ersetzen.

Übrigens: „daß" ist seit der Rechtschreibreform immer falsch!
Häufig kommen Probleme mit der **Groß- und Kleinschreibung** vor. Die Grundregel: Substantive schreibt man im Deutschen groß. Das gilt auch für nominalisierte Verben, zum Beispiel „das Laufen" oder „das Entfernen".

Wer sich daran hält, dem wird man einen Fehler in Sonderfällen nachsehen („die deutsche Regierung", aber „das Deutsche Rote Kreuz"; „Sie spricht deutsch mit mir", aber „Sie spricht Deutsch").

Das Anredepronomen „Sie" und das dazugehörige Possessivpronomen „Ihr" werden groß geschrieben („Ich bitte Sie, mir bis morgen Ihre Unterlagen zu schicken." Da ist der Duden, nach einer Reform der Rechtschreibreform, eindeutig. Nicht eindeutig ist er beim Duzen. Beim Anredepronomen „du" lässt der Duden sowohl Groß- als auch Kleinschreibung zu. Ich rate zur größeren Klarheit im geschäftlichen Umfeld zur Großschreibung.

Häufiger als Unsicherheiten in der Rechtschreibung sind Fehler bei der Zeichensetzung. Dass am Ende eines Satzes ein Satzzeichen steht, ist den meisten Autoren klar (eine der wenigen Ausnahmen wurde bei den Aufzählungen angesprochen). In der Regel handelt es sich um einen Punkt.

Ausrufezeichen sollten Sie sehr zurückhaltend einsetzen! Sie stehen – der Name sagt es – für einen Ausruf. Also auch für Schreien! Das kann einmal in einem Text(-abschnitt) funktionieren! Aber wenn Sie jedes Mal angeschrien werden, steigt nur der allgemeine Lärmpegel! Deshalb: Nicht mehr als ein Ausrufezeichen pro Seite oder Webseite!

Ausrufezeichen lassen sich bei direkten Aufforderungen rechtfertigen: „Hier klicken!" „Jetzt zugreifen!" In Experimenten zeigt sich sogar, dass diese Form des Call-to-action die Klickrate erhöht. Bei Sätzen, denen das Ausrufezeichen der Aussage nur Nachdruck verleihen soll, erweckt es den Eindruck: Hier ringt jemand verzweifelt nach Aufmerksamkeit, weil er dem Satz selbst die Kraft nicht zutraut.

Das in Abb. 1.2 dargestellte Prüfdiagramm kann helfen.

Fragezeichen stehen am Ende einer Frage. Klingt banal, ist es aber oft nicht. Bei direkten Fragen ist die Sache klar: „Wollen wir uns morgen Nachmittag treffen?", „Werden Sie mich anrufen?". Bei Nebensätzen steht das Fragezeichen nur, wenn der gesamte Satz eine Frage ist: „Wissen Sie, wann die Lieferung kommt?", aber: „Der Lieferant konnte uns nicht sagen, wann die Lieferung kommt".

Ein Satzzeichen, das heute viel häufiger eingesetzt wird als früher, ist der **Doppelpunkt**. Traditionell steht er vor Aufzählungen (siehe Abschn. 1.6). Sie werden ihn aber in diesem Buch darüber hinaus häufig für einen bestimmten Zweck verwendet finden, nämlich um einen Satz dynamischer zu machen. Zum Beispiel: „Jetzt heißt es: Hand anlegen".

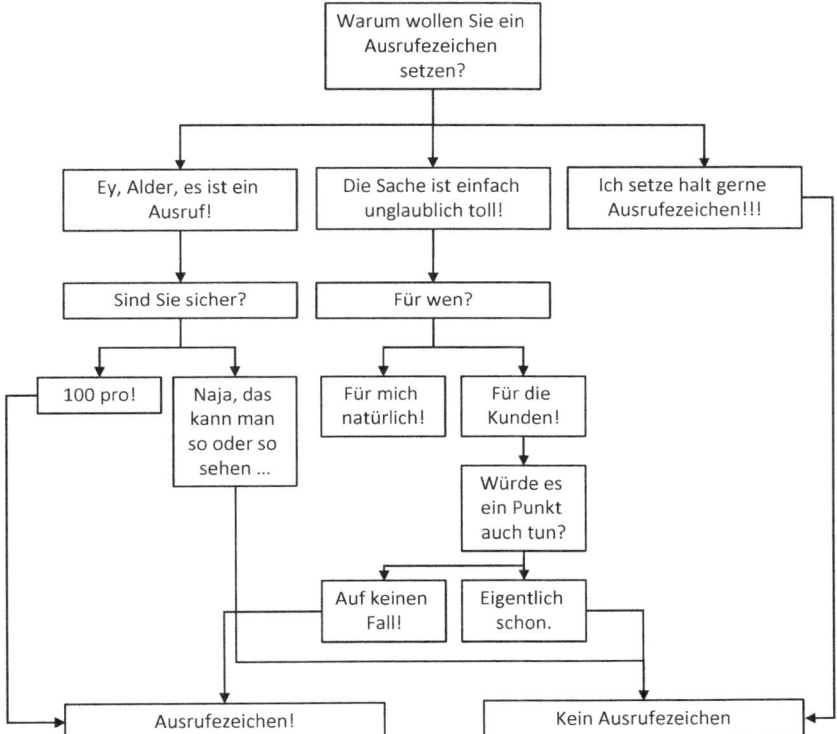

Abb. 1.2 Entscheidungsbaum Ausrufezeichen

Sie werden diese Anwendung in diesem Buch häufig finden. In diesen Fällen dient der Doppelpunkt als Ankündigungszeichen. Achtung: Jetzt kommt etwas Wichtiges. Der Effekt tritt sogar ein, wenn das Folgende gar nicht so wichtig ist. Inflationär gebraucht, verschafft der Doppelpunkt einem Text allerdings etwas Atemloses.

Der Doppelpunkt ist ein gutes Mittel, um der Regel „Hauptsachen in Hauptsätze" gerecht zu werden. Beim Satz „Es ist wichtig, dass Hauptsachen in Hauptsätzen stehen" steht die Hauptsache nicht im Hauptsatz. Der lautet nämlich schlicht: „Es ist wichtig." Das wirklich Wichtige folgt im Nebensatz. Das lässt sich durch den Doppelpunkt umgehen: „Wichtig ist: Hauptsachen stehen in Hauptsätzen".

Der **Gedankenstrich** wird im Deutschen in verschiedenen Situationen benutzt. Er dient gelegentlich zur einfachen Parenthese, grenzt also einen Einschub – zum Beispiel eine Erläuterung – ein. Wenn der Einschub kurz und knapp ist, lässt sich dagegen nichts einwenden. Der Gedankenstrich kann aber auch dazu dienen, einen ganzen abgeschlossenen Gedanken, der innerhalb eines Satzes geäußert wird, abzutrennen. Diese Verwendung ist in der Regel nicht empfehlenswert, denn diese Einschübe unterbrechen bei der Leserin den Gedankenfluss, beanspruchen ihr Arbeitsgedächtnis und erschweren somit das Lesen.

Gut eingesetzt ist der Gedankenstrich, wenn er einem Satz mehr Dynamik verleiht, indem er eine kurze Pause, ein Innehalten markiert – um den Leser auf etwas Überraschendes oder Weiterführendes hinzuweisen. Oft steht er dann sogar vor einem „Und" – was an sich sinnwidrig ist, denn „und" ist ein Bindewort. Trotzdem kann er dabei einen verstärkenden Effekt haben. Inzwischen wird dieses Mittel so oft verwendet, vor allem im Online-Journalismus, dass es nervig werden kann. Hier ein Beispiel aus einem Teaser von *Spiegel Online*:

> Ein neues Regal muss aufgebaut werden, jetzt wäre ein Akkuschrauber nicht schlecht. Peter Schick von der Stiftung Warentest erklärt, welche Modelle geeignet sind – und welche nicht.

Dieser Satz tut so, als müsse es den Leser ungemein überraschen, dass Herr Schick von der Stiftung Warentest auch erklärt, welche Modelle nicht geeignet sind. Ein stilistischer Taschenspielertrick – aber wirkungsvoll.

Am schwierigsten sind für viele Schreibende offenbar die **Kommaregeln**. Dabei erschweren falsch oder nicht gesetzte Kommas die Lektüre. Im schlimmsten Fall verändern sie den Sinn. Im Internet kursieren dazu einige witzige Beispiele:

- Du hast den schönsten Hintern weit und breit. – Du hast den schönsten Hintern, weit und breit.
- Er versprach mir, jedes Jahr eine schöne Reise zu machen. – Er versprach mir jedes Jahr, eine schöne Reise zu machen.

- Der Mann sagt, die Frau kann nicht Auto fahren. – Der Mann, sagt die Frau, kann nicht Auto fahren.
- Der wahre Christ denkt an sich selbst zuletzt. – Der wahre Christ denkt an sich, selbst zuletzt.

Diese Beispiele illustrieren die Generalregel für Kommas.

> Sinneinheiten im Satz werden durch Kommas getrennt.

So helfen die Satzzeichen den Lesern, den Inhalt schneller und präziser zu verstehen und zu verarbeiten. Deshalb lohnt sich sogar die Mühe, bei besonders flüchtig gelesenen Texten (wie einer WhatsApp-Nachricht) Kommas zu setzen. Für die vielen Feinheiten der Kommaregeln gibt es eigene Ratgeberbücher, zum Beispiel aus dem Duden-Verlag (siehe Literaturliste). Für Texte in Broschüren, Vertriebsunterlagen, im Internet und in den sozialen Medien sollten Sie sich damit vertraut machen. In einer E-Mail werden die meisten Empfänger über einen Kommafehler in Zweifelsfällen hinwegsehen, solange diese nicht überhandnehmen. Deshalb hier nur knapp die wichtigsten Regeln:

- Aufzählungen werden durch Komma getrennt. Das gilt für Substantive („Der Preis beinhaltet Mehrwertsteuer, Spesen und Nachaufschlag."), für Verben („Er kam, sah, siegte.") und in der Regel für Adjektive („Sie haben die Wahl zwischen roten, blauen, grünen und gelben Varianten.") Ausnahme: Die Adjektive sind nicht gleichrangig („Wir bieten Ihnen eine teure blaue Variante und eine günstige rote Variante.")
- Kommas trennen einen Hauptsatz von einem Nebensatz. Meistens wird der Nebensatz durch eine Konjunktion eingeleitet. Beispiele für gebräuchliche Konjunktionen in alphabetischer Reihenfolge sind: aber, als, als dass, als ob, als wenn, anstatt dass, außer, auch, bevor, beziehungsweise, bis, da, dass, denn, desto, damit, doch, ehe, eh, entweder, falls, indem, indessen, indes, insofern, insoweit, soweit, je,

jedoch, nachdem, ob, obgleich, obschon, obwohl, obzwar, oder, ohne dass, so, sobald, sodass, so dass, sofern, solange, sondern, sonst, sooft, soviel, soweit, sowie, sowohl als auch, statt, um, umso, wobei, während, währenddessen, weder noch, weil, wenn, wie, wo, wohingegen, zumal, zwar. „Und" und „oder" sind ebenfalls Konjunktionen, vor denen aber in den meisten Fällen kein Komma steht.

- Einschübe werden durch Komma getrennt. Zum Beispiel: „Sie sollten den Vertrag, der Ihnen seit heute vorliegt, schnell unterschreiben."; „Dieses Produkt, eine absolute Neuheit, offerieren wir nur Ihnen." „Sie haben bis Mittwoch, also übermorgen, Zeit sich zu entscheiden."
- Infinitivkonstruktionen können mit Komma abgetrennt werden. Vor der Rechtschreibreform sah der Duden zwingend vor, den erweiterten Infinitiv mit zu durch Komma abzutrennen (wie in diesem Satz.) Inzwischen erlaubt der Duden beim erweiterten Infinitiv mit zu das Komma wegzulassen. Gleiches gilt für den einfachen Infinitiv mit zu – allerdings umgekehrt: Früher verboten, heute erlaubt.
- Kommas schließen Appositionen (Beifügungen) ein: „Unser Produkt, ein neuartiger Flaschenöffner, ist europaweit patentiert."
- Das Komma steht nach Anreden, zum Beispiel bei einer E-Mail: „Liebe Frau Dr. Meyer-Lüders, …". Das gilt, zumindest laut Duden, auch für formlosere Anreden, also „Guten Tag, Herr Meyer-Lüders, …" und „Hallo, Anneliese, …" Andere Regelwerke akzeptieren den Verzicht auf das Komma. Am Ende der Anrede steht in der Regel ein Komma (ganz selten, bei Glückwünschen oder ähnlichem, geht ein Ausrufezeichen). Deshalb schreiben Sie danach klein weiter – auch wenn manche Korrekturprogramme das anders sehen.

Dem **Semikolon**, auf Deutsch oft Strichpunkt genannt, haftet etwas Bildungsbürgerliches an. Es wird heute nur noch selten verwendet, obwohl es eine gute Alternative zu Punkt und Komma darstellt. Das Semikolon trennt zwei gleichwertige, aber inhaltlich eng verbundene Satzteile stärker als ein Komma, aber schwächer als ein Punkt. Ob und wie oft Sie Semikolons verwenden, sollten Sie vom Sprachniveau ihrer Zielgruppe abhängig machen.

Ihr Transfer in die Praxis

- Überlegen Sie sich bei jedem Ihrer Marketing- und Vertriebstexte: Welchen Sprachstil spricht meine Zielgruppe? Diesem Stil passen Sie Ihre Texte an.
- Killen Sie den Nominalstil. Ersetzen Sie so viele Substantivierungen wie möglich durch Verben.
- Schreiben Sie anschaulich. Überprüfen Sie nach jedem Absatz, ob es nicht eine Beschreibung oder ein Beispiel dazu gibt.
- Achten Sie auf Rechtschreibung und Zeichensetzung.

Literatur

Bernhard, Th. (2010). Der Keller. Eine Entziehung. DTV. München

Gburek, M (2008). Die denglisch Krankheit. https://www.brandeins.de/magazine/brand-eins-wirtschaftsmagazin/2008/marketing/die-denglische-krankheit. zuletzt zugegriffen am 06.05.2019

Heidegger, M. (2006). Sein und Zeit. Niemeyer Verlag. 19. Aufl. Tübingen

Klein, S. (2019), Wenn selbst einfache Sätze zur Qual werden. https://www.sueddeutsche.de/bildung/sprache-deutsch-analphabetismus-studie-1.4435933. Zuletzt zugegriffen am 07.05.2019

Langer, I. & Schulz von Thun, F. & Tausch, R. (2019): Sich verständlich ausdrücken. München:Reinhardt-Verlag (10. Auflage)

Moss, Ch. (2012). Das Unwort der Kundenkommunikation heißt „zeitnah". http://www.absatzwirtschaft.de/das-unwort-der-kundenkommunikation-heisst-zeitnah-12198/. zuletzt zugegriffen am 06.05.2019

Müller, H.M., Weiss, S. & Rickheit, G. (1997). Experimentelle Neurolinguistik. In: Bielefelder Linguistik (Hrsg.). Linguistik: Die Bielefelder Sicht. Bielefeld: Aisthesis-Verlag, pp. 125–128.

Oppenheimer, D.: Consequences of Erudite Vernacular Utilized Irrespective of Necessity: Problems with Using Long Words Needlessly. In: Applied Cognitive Psychology 20: 139–156 (2006)

Pinker, S. (2014): The Sense of Style. The Thinking Person's Guide to Writing in the 21st Century. London: Viking/Penguin

Pöppel, E. (2006): Der Rahmen. Ein Blick des Gehirns auf unser Ich. München: Hanser (2. Auflage)

Popper, K.R. (1971). Wider die großen Worte, https://www.zeit.de/1971/39/wider-die-grossen-worte. zuletzt zugegriffen am 06.05.2019

Reiter, M. & Sommer, S. (2013): Perfekt schreiben. München: Hanser (4. Auflage)

Schneider, W. (2001): Deutsch für Profis. Wege zum guten Stil. München: Goldmann

2
Gehirngerechte Texte

Inhaltsverzeichnis

2.1	Die richtige Tonalität finden	66
2.2	Wie das Gehirn Sprache verarbeitet	72
2.3	Wörter, die Emotionen auslösen	76
2.4	Wir denken in Bildern	92
2.5	Framing und Priming	97
2.6	Die magischen Zahlen	100
2.7	Die wichtigsten Stilmittel	100
Literatur		103

Die drei Kernbotschaften dieses Kapitels sind:

- Wörter lösen Emotionen aus.
- Das Gehirn bevorzugt eine konkrete und bildhafte Sprache.
- Sprache ermöglicht Priming und Framing. Sie kann dadurch Menschen unbewusst beeinflussen.

In den meisten Fällen hat das Marketing bei Broschüren, Web-Auftritten, Vertriebsunterlagen und ähnlichem nur zwei Mittel, um Einfluss auf das Denken und die Gefühle von Menschen zu nehmen.

Zum einen die Optik und Haptik: Dazu dienen die Schriften, Bilder (bewegte und statische), Farben und Formen. Ein Yoga-Studie wird für seinen Corporate-Auftritt warme Farben wählen, zum Beispiel Gelb- und Brauntöne, vielleicht ein zurückhaltendes Rot. Es wird sich mit weichen, runden Formen und einer verschnörkelten Schreibschrift präsentieren. Ein Hersteller von Muffen wird sich für rechteckige Formen, klare, serifenlose Schriften und kühle Farben entscheiden, etwa Blautöne, höchstens noch ein kräftiges Rot als Signalfarbe. Bei einem wissenschaftlichen Experiment wurde den Probanden eine inhaltlich identische Speisekarte vorgelegt. Allerdings erhielt die eine Gruppe eine Version mit einer verschnörkelten Schrift auf hochwertigem Papier; die andere Gruppe musste mit einfachem Papier und einer sachlichen Schrift Vorlieb nehmen. Die erste Gruppe war bereit, für die gleichen Speisen deutlich höhere Preise zu bezahlen. In diesem Fall wurden optische (Schrift) und haptische (Papierqualität) Reize genutzt. Die Erkenntnis, welchen großen Einfluss solche optischen und haptischen Signale haben, ist inzwischen sogar in der Döner-Buden-Gastronomie angekommen. Immer mehr Imbissbuden in deutschen Großstädten werden durch dunkles Holz, zurückhaltender Schrift und weniger aggressive Farben aufgewertet.

Zum anderen die Sprache. Wir transportieren mit Sprache mehr als nur Informationen. Wenn die Tonalität eines Texts nicht die sprachlichen Erwartungen des Empfängers trifft, wird er nicht die erwünschte Wirkung erzielen – oder im schlimmsten Fall sogar das Gegenteil davon.

2.1 Die richtige Tonalität finden

Das Yogastudio wird sich also für eine blumigere Sprache entscheiden, in der bestimmte Signalwörter auftauchen, die Wohlbefinden, innere Ruhe und Tiefe ausdrücken. Die Sprache wird zugleich versuchen, eine persönliche Beziehung zur Leserin herzustellen. Sie wird die Leserin direkt ansprechen und dabei duzen. Ein Stuttgarter Yoga-Studio wirbt zum Beispiel mit folgenden Worten für sich:

Lass DICH auf diesen „**Erfahrungsweg**" ein. Er begleitet DICH heute mehr denn je, wo sich viele Strukturen im Leben verändern und neues Denken und Wirken gefordert wird. Ich bin überzeugt, dass das fünftausend Jahre alte Yoga ein bewährtes System ist, es ist traditionell, wandelbar und zugleich sehr modern.

Betrachte daher Yoga als eine **praktische Managementtechnik** für DEIN Leben und übernehme dadurch die Verantwortung für DEIN Leben, authentisch und ganzheitlich indem DU diese Naturgesetze des Yoga anwendest und achtest.

Der Muffenhersteller wendet sich in seiner B2B-Kommunikation an Ingenieurinnen und Ingenieure. Er wird eine technische, sehr sachorientierte Sprache wählen, Fakten und Zahlen in den Vordergrund stellen. So wie bei dieser Beschreibung eines Gewindestücks:

Das Gewindestück besitzt auf einer Seite eine Klebemuffe (Innendurchmesser) und gleichzeitig einen Klebestutzen (Außendurchmesser) und auf der anderen Seite ein Außengewinde. Die Klebeseite ermöglicht eine Verbindung mit einem PVC-Rohr oder mit einer Klebemuffe eines anderen PVC-U Fittings. Auf die Gewindeseite kann ein Gewindefitting mit entsprechendem Innengewinde aufgeschraubt werden. Das Gewinde ermöglicht eine Verbindung mit anderen Kunststofffittings oder einen Übergang auf Metallrohre.

Soweit, so klar. Sollte man meinen. Im richtigen Leben findet man hingegen viele Marketingtexte, die ganz offensichtlich nicht die Tonalität der Zielgruppe treffen. Der häufigste Fehler ist dabei, dass emotionale Inhalte zu sachlich verkauft werden. Dies geschieht, weil Produktmanagerinnen oft nicht die Bedürfnisse ihrer Kunden vor Augen haben, sondern die Leistungsmerkmale ihrer Produkte oder Dienstleistungen. Es kommt aber auch vor, dass Autoren sich in Marketinglyrik ergießen, die ans Infantile grenzt. Wie in diesem Beispiel:

Komm mit ins Veggie Paradise und lass dich von frischen Essensideen und unkomplizierten Genussmomenten verführen! Denn mit Eden schlemmst du nicht nur so genussvoll wie im Paradies, sondern isst auch in Bio-Qualität und natürlich yummie-veggie! Dabei passen alle zungenschnalzenden

Gaumenfreuden und trendigen Essensideen zu deinem persönlichen Lifestyle und versorgen dich, Family & Friends in kürzester Zeit mit jeder Menge Veggie-Power – egal, wo du gerade (b)isst! Freu dich auf yummie To-Go Snacks, quick and easy Mini-Mahlzeiten und köstlich vegetarische Brotzeiten 2.0. Du willst noch mehr neues Entdecken und hast Hunger auf frische Essensideen? Dann erlebe exotische Kochabenteuer, löffelleckere Soul Food-Momente, veggie Hot Dogs, Burger Partys und Grillabende 2.0.! Natürlich sind alle unsere Essensideen Bio, easy zubereitet, gaumenschmeichelnd weggesnackt, genussvoll reingelöffelt und geschmackvoll explosiv – kurzum: einfach köstlich vegetarisch und yummie-veggie.

Studien (zum Beispiel der Universität Jena) belegen, dass Menschen, die sich vegetarisch ernähren, überwiegend weiblich sind, jung, überdurchschnittlich gut gebildet (oft akademisch), in auskömmlichen wirtschaftlichen Verhältnissen und in Großstädten leben. Sie entscheiden sich für eine vegetarische Ernährung vor allem aus ethischen Gründen. Ihnen geht es um das Tierwohl, oft zudem um die ökologischen Folgen fleischlastiger Ernährung. Werden sich solche Frauen durch Formulierungen wie „zungenschnalzende Gaumenfreuden", „gaumenschmeichelnd weggesnackt" und „löffelleckere Soul Food-Momente" angesprochen und ernst genommen fühlen? Modern-dynamische Signalwörter wie „Lifestyle" und „easy" stehen unmittelbar neben spießig-altertümlichen („gaumenschmeichelnd"). Und „yummie-veggie" spricht eher 16-jährige Mädchen als 28-jährige Akademikerinnen an (zumal „yummie" im Deutschen wie im Englischen „yummy" geschrieben würde).

Gut hingegen gelingt es der Firma Manufactum, ihre Produkte in der richtigen Tonalität zu beschreiben. Hier zum Beispiel eine Erbsensuppe aus dem Kloster Mariawald:

Konstanten gehören bestimmend zur klösterlichen Kultur, und eine dieser Konstanten ist für jeden, der das Kloster Mariawald in der Eifel schon einmal besucht hat und nach Jahren wieder dorthin kommt, die berühmte Erbsensuppe, an der sich schon seit über 50 Jahren die Pilger laben können. Die Trappisten plagte nämlich seinerzeit die Sorge, den vielen Besuchern des Klosters, das auf 417 m Höhe oberhalb von Heimbach liegt, ein leckeres Essen anbieten zu können, das satt macht und zugleich der trappistischen, einfachen Lebensweise angemessen ist. So wurde die

Mariawalder Erbsensuppe erfunden, deren Rezeptur bis heute als unvergleichlich und unverwechselbar gilt.

Manufactum-Käufer sind überdurchschnittlich gebildet, überdurchschnittlich wohlhabend und tendenziell (wert-)konservativ. Sie suchen das Besondere und Traditionsverbundene. Sie legen Wert auf hochwertige Produkte. Der Text setzt dafür die richtigen Signalwörter: „Konstante", „klösterliche Kultur", „seit über 50 Jahren" stehen für Tradition. „Laben" ist ein altertümliches Wort, das das Konservative, Traditionsreiche unterstreicht. Die kleinen, scheinbar nebenbei eingestreuten Sachinformationen („417 m Höhe oberhalb von Heimbach") verleihen dem Produkt Authentizität und Individualität.

Jede Zielgruppe bewegt sich in einer eigenen Sprachwelt. Sie ist situations- und kontextabhängig. Eine Radiologin wird in ihrem Beruf sachliche, knappe Informationen bevorzugen. Bei ihrem Hobby, dem Reiten, zieht sie vermutlich eine emotionalere Sprache vor. Im Weinkatalog erwartet sie eine bildhafte, blumigere Sprache.

Einer meiner Kunden hat sich von einer Agentur Neuroprofile seiner Zielgruppen erarbeiten lassen. Darin wird definiert, von welchen Werten sich die Kundengruppe jeweils leiten lassen und in welchen Begriffen sich diese Werte bei ihnen ausdrücken. Ähnliche Überlegungen sollte jeder Marketingtexter anstellen. Definieren Sie dazu zunächst die Werte, die Ihrer Zielgruppe wichtig sind. Bei den Käufern einer teuren mechanischen Uhr könnten das zum Beispiel Tradition, Wertbeständigkeit und Handwerkskunst sein. Bei einem Sneaker-Hersteller ergäben sich Dynamik, Sportlichkeit und Gruppenzugehörigkeit.

> Erstellen Sie eine Liste von Wörtern, die zum sprachlichen Profil und zu den Werten ihrer Zielgruppe passen.

Diese Liste kann durchaus mehrere Dutzend Begriffe umfassen. Vermeiden Sie nichtssagende oder übermäßig gebrauchte Wörter wie „nachhaltig" und „innovativ". Die Wörter von der Liste fließen dann in alle Texte ein, in längere ebenso wie in kurze Beschreibungen. Beim Luxusuhren-Hersteller Glashütte Original klingt das dann zum Beispiel so:

Unser historisches Erbe
   Die Wurzeln von Glashütte Original reichen tief. Als sich vor mehr als 170 Jahren die ersten Meisteruhrmacher in Glashütte niederließen, verwirklichten sie hier ihren Traum von einer eigenständigen sächsischen Uhrenindustrie. Als legitimer Erbe der Gründerväter bewahrt Glashütte Original heute ihre Kunstfertigkeit und trägt ihre Visionen ins 21. Jahrhundert.

„Historisches Erbe", „Wurzeln", „170 Jahre", „Gründerväter", „eigenständige sächsische Uhrenindustrie" drücken Tradition und Beständigkeit aus. „Meisteruhrmacher" und „Kunstfertigkeit" stehen für Handwerkskunst.

Adidas spricht seine Sneaker-Käufer mit ganz anderen Worten an:

Boost ist die reaktionsfreudigste Dämpfung, die wir je hatten: Je mehr du gibst, desto mehr Energie bekommst du zurück.

Die direkte Ansprache mit „Du" steht für Jugendlichkeit und Gruppenzugehörigkeit (das kleingeschriebene „du" wirkt übrigens weniger aggressiv und anbiedernd als die Großschreibweise). „Energie" drückt Dynamik aus. Die gesamte Formulierung „Je mehr du gibst, desto mehr Energie bekommst du zurück" steht für Sportlichkeit und Leistung.

Der Werbetexter Armin Reins empfiehlt, Texte mithilfe farblicher Markierung zu analysieren. Ein Energieversorger hat sich zum Beispiel ein Sprachprofil erarbeitet, das auf den Werten „Nähe", „Zuverlässigkeit" und „Verantwortung" beruht. Im Text eines Marketinganschreibens werden alle Formulierungen, die „Nähe" ausdrücken, gelb unterlegt, „Zuverlässigkeit" wird blau und „Verantwortung" grün markiert. So lässt sich mit einem Blick auf die Farbmischung erkennen, ob der Brief den sprachlichen Vorgaben entspricht.

Inzwischen können Textroboter mithilfe von Algorithmen Texte in der richtigen Tonalität auf Grundlage einer Datenbank verfassen. Die Stuttgarter Firma AX Semantics führt auf ihrer Webseite ein englischsprachiges Beispiel auf (AX Semantics o.J.). Die Datenbank enthält dazu folgende Informationen: „product_type: fine knit cardigan/material: cashmere + angora/color: grey/occasion: romantic/clasp: buttons/decoration: lace trim/form_shaping: loose fit". Daraus erstellt der Textroboter folgende Beschreibung für ein E-Commerce-Angebot:

> Grey fine knit cardigan
> Need something special for a romantic night out? This elegant, grey fine knit cardigan is the perfect choice. It's designed with buttons to close it when it gets chilly. Thanks to cashmere and angora it also has a velvety soft feel. The lace trim is one of those intricate details this brand loves to put into their work. The cardigan is made in a loose fit, giving you not only beauty, but comfort as well.
> Truly a piece to fall in love with – bring out your elegance with this grey fine knit cardigan.

Das Ergebnis ist, was die Dichte emotionaler Wörter und die inhaltliche Beschreibung angeht, gar nicht so schlecht. Ein menschlicher Leser dürfte sich allerdings veralbert vorkommt, wenn ihm mitgeteilt wird, die Knöpfe seien dazu da, die Strickjacke zuzuknöpfen, falls es etwas kühler wird. Denken – das heißt sinnvoll von unsinnig unterscheiden – kann ein Algorithmus bislang noch nicht.

Sie klingen aber wütend

In vielen Callcentern und bei der Analyse von E-Mails an Unternehmen wird Software zur Emotionserkennung eingesetzt. Das Programm analysiert einzelne Wörter oder Wortgruppen und ordnet sie bestimmten Emotionen zu. Bei Anrufern werden vielfach auch die prosodischen Merkmale einbezogen, also Betonung, Satzmelodie und Sprechrhythmus. Daraus lässt sich mit hoher Wahrscheinlichkeit erkennen, ob ein Kunde zum Beispiel sehr wütend ist. Die Software basiert auf Mustererkennung und ist in den meisten Fällen sehr zuverlässig. Einen vor Ironie triefenden Beschwerdebrief oder einen ausgesucht höflichen, aber inhaltlich scharfen Text, kann sie noch nicht ausreichend erkennen.

Wenn sich Texte so leicht durch einen Algorithmus erzeugen lassen, bedeutet das zugleich: Die Sprache wird mechanisch und austauschbar. Ein Textroboter kann Daten zu einem lesbaren Text formen, bei dem sich – wie Experimente zeigen – nicht mehr erkennen lässt, ob ein Computer oder ein Mensch ihn geschrieben hat. Zum ersten muss die Software jedoch entsprechend programmiert werden. Das bedeutet: Die Marketingverantwortlichen müssen wissen, auf welche Tonalität die Zielgruppe positiv reagiert und die Informatiker müssen es umsetzen.

Zum zweiten scheitert die Software bislang an komplexeren Themen, an kreativer Sprache. Ironie, Humor, Sprachwitz, Doppeldeutigkeit bleiben dem Algorithmus fremd. An Zwischentönen und unausgesprochenen Botschaften scheitert sie. Zum dritten ist sie nicht in der Lage, selbstständig die Bedürfnisse der Menschen zu analysieren und darauf sprachlich zu reagieren.

Textroboter sind gut geeignet, massenhafte Standardtexte auf der Grundlage einer Datenbank zu produzieren. Dazu gehören Produktbeschreibungen für Online-Shops und Börsenberichte. Der Verlag Springer Nature hat im April 2019 sogar ein ganzes Buch über Lithium-Ionen-Batterien veröffentlicht, das von einem Algorithmus geschrieben wurde. Es fasst die Ergebnisse mehrerer Forschungsarbeiten zum Thema zusammen. Komplexere Texte werden bis auf Weiteres von Menschen geschrieben werden müssen.

2.2 Wie das Gehirn Sprache verarbeitet

Die richtige Tonalität zu finden ist ein erster Schritt. Er reicht jedoch nicht aus. Vielmehr müssen wir uns anschauen, wie Sprache im Gehirn verarbeitet wird.

Unser Wissen darüber ist in den letzten Jahrzehnten enorm gewachsen. Durch die bildgebenden Verfahren können wir dem Gehirn beim Sprechen, beim Lesen, beim Spracheverstehen zuschauen. Dazu dienen vor allem zwei Verfahren. Zum einen die funktionelle Magnetresonanztomografie, bei der die verstärkte Aktivität von Neuronen in den jeweiligen Arealen des Gehirns sichtbar gemacht werden kann. Die Wissenschaftler sehen dabei zumindest ungefähr, welche Wörter oder Wortgruppen an welcher Stelle im Gehirn eine Aktivität auslösen. Bestimmte Areale des Gehirns sind typischerweise mit bestimmten Aufgaben befasst, zum Beispiel der Emotionsverarbeitung oder der Sequenzierung von Zeichenfolgen. So lässt sich erkennen, ob ein Text etwa angenehme Gefühle wachruft oder Angst auslöst oder ob es einer besonderen Anstrengung bedarf, einen langen Satz zu verstehen.

Das zweite Verfahren ist die Elektroenzephalografie, besser bekannt unter dem Kürzel EEG. Dabei werden die Hirnströme gemessen. Man kann zum Beispiel erkennen, zu welchem Zeitpunkt beim Lesen ein Satz inhaltlich verstanden wird.

Um zu verstehen, wie geschriebene Sprache im Gehirn verarbeitet wird, müssen wir mit gesprochener Sprache anfangen. Das ist weniger überraschend, als es zunächst scheint. Vielleicht ist Ihnen schon einmal aufgefallen, dass Sie selbst beim Lesen mit einer inneren Stimme mitsprechen. Das nennt man Subvokalisation. Lesen ist also nicht zuletzt ein stummes Selbstgespräch.

> Lesen Sie Ihren Text laut vor, nachdem Sie eine erste Fassung geschrieben haben. Dabei fallen einem oft erst schwache Formulierungen, Wortwiederholungen, zu lange Sätze und eine holprige Satzmelodie auf.

Die Fähigkeit der menschlichen Spezies zu sprechen, hat Kultur überhaupt erst möglich gemacht hat. Sprache zu verarbeiten ist eine unglaubliche Leistung des Gehirns. Es muss dabei zunächst die eingehenden Signale aufnehmen und im dafür zuständigen Areal, dem sogenannten auditorischen Kortex, verarbeiten. Dann muss das Gehirn die bedeutungstragenden Laute des Sprachflusses voneinander unterscheiden

Diese bedeutungstragenden Laute – man nennt sie Morpheme – müssen vom Gehirn als Worte oder Teile davon erkannt und mit bekannten Vorlagen abgeglichen werden. Ihre Bedeutung muss dann im sogenannten mentalen Lexikon abgerufen werden. Danach muss das Gehirn erkennen, in welcher Funktion sich das Wort in einem Gebilde aus mehreren Worten befindet und welche Rolle dies für die Bedeutung des Gesagten hat. Diese Sprachverarbeitung geschieht – ziemlich grob gesagt – im Wernicke-Areal, das sich im hinteren Teil des linken Schläfenlappens befindet.

Die genaue Zuordnung der schon im 19. Jahrhundert beschriebenen Sprachareale und ihre exakte Funktion wird von vielen Neurowissenschaftlern in den letzten Jahren zunehmend angezweifelt. Das ist, wenn man genauer hinschaut, ohne Zweifel richtig. Denn Sprachverarbeitung im Gehirn ist wesentlich komplexer als viele Wissenschaftler noch vor Kurzem dachten. Aber als grobe

Annährung für unsere Zwecke erweist sich die klassische Theorie weiterhin als hilfreich. Behalten Sie im Hinterkopf: Wenn ich hier neuronale Prozesse bei der Sprachverarbeitung beschreibe, sind bei näherer Betrachtung in aller Regel wesentlich mehr Areale daran beteiligt, als ich aufzuzählen vermag.

Unsere genetischen Verwandten, die Menschenaffen, verständigen sich mit etwa 40 verschiedenen Lauten. Jeder Laut hat eine eigene Bedeutung. Das heißt: Der Wortschatz eines Affen umfasst etwa 40 Wörter. Die Zahl der Laute, man nennt sie Phoneme, die der Mensch gewöhnlich bilden und unterscheiden kann, ist ungefähr genauso groß. Aber er kann unendlich viel mehr damit sagen, weil er sie zu Kombinationen zusammensetzen kann – und daraus wiederum Sätze bildet, von denen jeweils nur ein Bruchteil einen Sinn ergibt. Die Linguisten sprechen beim Satzbau von der Syntax. Die Fähigkeit, eine Syntax zu bilden und zu verarbeiten, ist nach der heute vorherrschenden Auffassung der Wissenschaftler nur dem Menschen gegeben. Die meisten Paläoanthropologen gestehen unseren Cousins, den Neandertalern, bislang nur eine Protosprache zu. Das lässt sich aufgrund kulturhistorischer, genetischer und anatomischer Erkenntnisse vermuten.

Ein durchschnittlich gebildeter moderner Deutscher hingegen verfügt über einen aktiven Wortschatz zwischen 10.000 und 20.000 Wörtern. Hinzu kommt noch einmal eine ähnlich große Zahl an Wörtern, die dem passiven Wortschatz zugerechnet werden. Alle diese Wörter sind in seinem Gehirn gespeichert. Sie sind aber nicht alphabetisch angeordnet wie im Duden. Vielmehr liegen sie zusammen wie die Artikel in einem Supermarkt. Dort gibt es eine Abteilung für Putzmittel, eine Abteilung für Backwaren, ein Kühlregal und so weiter. Im Kühlregal stehen an einer Stelle die Wurstwaren, an einer anderen die Milchprodukte, und zwar wiederum untergliedert in Käse, Butter, Frischmilch und so fort.

Es kann sein, dass bei einem Patienten bei bestimmten Formen der Aphasie, also einer Sprachstörung, einzelne Bereiche ausfallen. Das kommt zum Beispiel nach einem Schlaganfall relativ oft vor. Anfangs sprechen die Patienten schleppend und haben große Probleme bei der Wortfindung. Später scheinen sie ganz normal zu sprechen, ihnen fehlen aber die Vokabeln zum Beispiel für Obstsorten oder ihnen fallen die Verben der Bewegung nicht mehr ein. Das ist, als wäre eine Abteilung des Supermarkts geschlossen worden.

Die zwei Arten des Lesens
Lesen ist eine relativ junge Kulturtechnik. Sie ist kaum mehr als 5500 Jahre alt. Nehmen wir an, die Strecke zwischen dem Hamburger Rathausplatz und dem Marienplatz in München entspräche in etwa der Geschichte des sprachbegabten Homo sapiens und ein Mensch wollte sie von Nord nach Süd abfahren. Wenn er in Augsburg ankommt, haben die Menschen zum ersten Mal ihre Sprache in Schriftzeichen gebannt. Wenn er den Hauptbahnhof erreicht hat, beginnt in den europäischen Industriestaaten die allgemeine Alphabetisierung.

Es ist verständlich, dass das Gehirn sich in dieser kurzen Zeit nicht auf das Lesen eingestellt haben kann. Um es klar zu sagen: Der Mensch ist fürs Lesen nicht geschaffen. Es zeugt von unseren erstaunlichen geistigen Fähigkeiten und der gewaltigen Leistung unseres Gehirns, dass viele Menschen es dennoch hervorragend beherrschen. Die Hirnforscher vermuten, dass beim Lesen Fähigkeiten des Hirns genutzt werden, die bei unseren Steinzeitvorfahren eigentlich für das Spurenlesen in der Steppe vorgesehen waren.

Lesen ist also ein sehr komplizierter Vorgang. Zunächst nimmt das Auge Buchstabenfolgen wahr. Es fixiert sie für einen sehr kurzen Moment von 100 bis 300 Millisekunden. Es erfasst die Bedeutung und springt dann weiter.

Bei Wörtern, die uns vertraut sind, sind die Fixationen kürzer, bei unbekannten und langen Wörtern länger. Bei schwiergen Wörtern und komplizierten Sätzen springt das Auge auch öfter zurück – was die Sache mühseliger macht.

Noch ein zweites Argument spricht dafür, auf kurze und vertraute Wörter zu setzen. Es gibt nämlich zwei Arten des Lesens, zumindest bei unseren sogenannten phonographischen Schriftsystemen. Phonographisch nennt man eine Schrift, die Laute wiedergibt (zum Beispiel das Alphabet); im Gegensatz zu den logographischen Schriften, etwa der chinesischen Bilderschrift. Chinesen lesen ein Wort, indem sie es als Bild erkennen. Das Gehirn greift sofort auf das mentale Lexikon zurück.

Ein Großteil unseres Lesens, auch wenn wir es mit alphabetischen Schriften zu tun haben, basiert auf dem gleichen Prinzip. Wir erkennen die Worte als Zeichen! Das ist der Grund, warum wir einfache Texte auch dann verstehen, wenn bei ihren Worten nur der erste und der letzte Buchstabe stimmen, die restlichen aber vertauscht sind. Das funktioniert aber nur, solange wir das Wort als Bild gespeichert haben. Lange und komplizierte Ausdrücke wie „Acetylsalicylsäure", „Arbeiterunfallversicherungsgesetz" oder „Bewegungsklappenumschaltfunktion" sind nicht in unserem Bildgedächtnis abgelegt. Wir müssen das Wort auf eine zweite Art lesen. Dies geschieht, indem das Gehirn im Gyrus angularis und dem Gyrus supramarginalis die Signale aus dem visuellen Kortex, also die Schriftzeichen, mit den Informationen aus dem auditorischen Kortex abgleicht. Mit anderen Worten: Wir nehmen einen Umweg über die phonetische Verarbeitung. Was wir innerlich hören, sucht unser Gehirn in den Einträgen des mentalen Lexikons. Wenn wir Glück haben, verstehen wir das gelesene Wort. Wenn wir Pech haben, meldet das Gehirn: Kein Eintrag.

2.3 Wörter, die Emotionen auslösen

Die meisten Wörter sind für Menschen nicht neutral. In einer Reihe von neurolinguistischen Projekten haben Wissenschaftler sogenannte affektive Wortlisten erstellt. Sie haben dazu Tausende Wörter von mehreren Hundert Probanden nach ihrem emotionalen Wert bewerten lassen und diese Werte dann gemittelt. Daraus ergibt sich, wie im Durchschnitt ein Wort emotional bewertet wird.

Emotionen sind wissenschaftlich ein hochumstrittenes Thema. Zum einen können sich die Forscher nur schwer auf eine Definition einigen, zum anderen ist unklar, ob es kulturunabhängige, also angeborene Emotionen gibt. Fühlt eine 19-jährige indigene Frau in Papua-Neuguinea bei einem gleichen Reiz genauso wie ein 56-jähriger Schotte? Der amerikanische Psychologe Paul Ekman behauptet aufgrund von Experimenten: Ja. Ekman ließ Menschen aus unterschiedlichen Kulturkreisen Fotos von Gesichtern bewerten, deren Mimik eine von sechs Basisemotionen ausdrückten. Später haben Wissenschaftler die Zahl auf acht erweitert. Sie lauten: Furcht, Wut, Freude, Trauer, Vertrauen, Ekel, Überraschung und Neugierde.

Vielfach haben die Wissenschaftler bei der Bewertung mehrere Dimensionen verwendet. Das Wort Orgie zum Beispiel wird zum Teil negativ bewertet, wohl, weil es etwas beschreibt, das als moralisch verwerflich angesehen wird. Andererseits wird Orgie auch mit Ausgelassenheit assoziiert. Zudem löst es vermutlich genau deshalb eine hohe Erregung aus.

Besonders bekannt ist die Berlin Affective Wordlist, die von Neurolinguisten vor allem der Freien Universität Berlin 2006 zusammengestellt wurde. Sie umfasste zunächst rund 2200 Wörter und wurde an 200 Probanden getestet. Im Jahr 2009 veröffentlichten die Wissenschaftler eine um 700 Wörter erweiterte Liste. Die Forscher klassifizieren die Wörter anhand von zwei Dimensionen, die sie als Valenz („valence") und Erregung[1] („arrousal") bezeichnen. Den Unterschied erklären sie in einem für eine wissenschaftliche Publikation ungewöhnlich bildhaften Stil (meine Übersetzung aus dem Englischen):

> Stellen Sie sich vor, sie gewinnen den Hauptgewinn im Lotto. Und dann, sie lägen an einem makellosen Strand und lauschen den herannahenden Wellen. Vermutlich erleben Sie in beiden Szenarien positive Emotionen, aber einen unterschiedlichen Grad an Erregung. Das gleiche gilt für negative Emotionen – etwa, wenn sie Lampenfieber vor einem wichtigen Test haben, verglichen mit trüber Stimmung an einem Regentag. Ein Rahmen, der solche unterschiedlichen emotionalen Erfahrungen beschreibt, bewegt sich entlang zweier senkrechter Dimensionen: Valenz in einer Spannbreite von angenehm bis unangenehm und Erregung, die von ruhig bis aufgeregt reicht.

Wörter, die eine hohe Erregung erzielen, werden besser im Gedächtnis behalten, schneller wiedererkannt und lenken in höherem Maß die Aufmerksamkeit auf sich. Das gilt sowohl für negative als auch für positive emotionale Erregung. Allerdings ist der Effekt für negative Erregung stärker. Hierbei wurde auch eine starke Aktivität der Amygdala gemessen (Abb. 2.1).

---

[1] Die Wissenschaftler haben bei der Durchführung des Experiments im Deutschen das Wort Erregung vermieden, weil es eine sexuelle Konnotation hat.

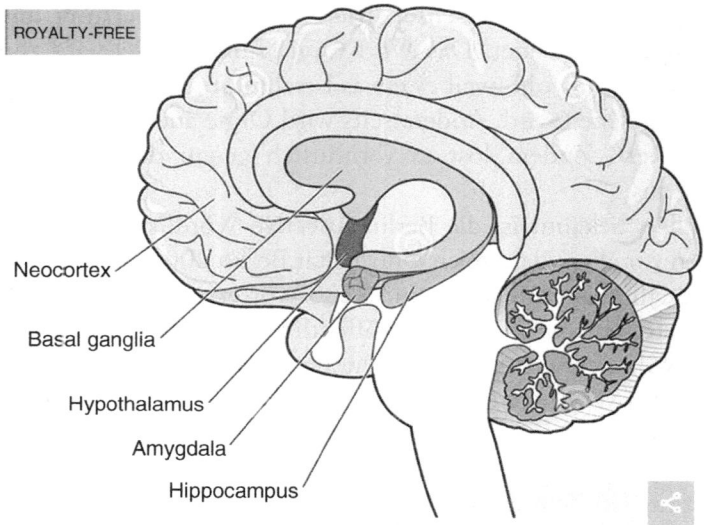

Abb. 2.1 Das Limbische System des Gehirns mit der Amygdala

Wörter, die Angst auslösen

Wie Emotionen, vor allem Angst und Furcht, im Gehirn verarbeitet werden, damit hat sich der US-Neurowissenschaftler John LeDoux beschäftigt. Bei angstauslösenden Reizen wird vor allem ein Komplex im vorderen Teil des Schläfenlappens angeregt, die Amygdala. Sie ist Teil des emotionsverarbeitenden Systems unseres Gehirns, das oft als limbisches System bezeichnet wird. Auf Deutsch heißt die Amygdala Mandelkern, weil sie – grob gesprochen – wie eine Mandel aussieht. Allerdings besteht sie genau genommen aus mehreren Kernen und ist, wie die meisten Strukturen im Gehirn, doppelt vorhanden, einmal in der rechten, einmal in der linken Hirnhemisphäre. Angstauslösende Wörter wie Horror, Gefahr, Risiko, Terror regen die Amygdala an. Die Amygdala steht in enger Verbindung mit dem Hypothalamus, der wiederum als Stressantwort eine Flucht- oder-Kampf-Reaktion auslöst. Vor allem in der weniger seriösen Finanzkommunikation wird gern mit Amygdala-Wörtern gearbeitet. Das drückt sich in Schlagzeilen aus wie: „Mega-Krise kommt! Crash-Prophet Otte warnt vor massiven Finanzturbulenzen" und „Supercrash an der Börse:

Alarm für Aktionäre". Oft werden diese Angstbotschaften mit Investitionsratschlägen und -angeboten verknüpft. Die massive Ballung von Amygdala-Wörtern versetzt die Leser in Panik und löst Stressreaktionen aus, die durch die Aufforderung „jetzt noch schnell" zu handeln verstärkt werden. Die Amygdala-Aktivierung dämpft die Aktivitäten der dorsolateralen und ventromedialen Anteile des Präfrontalkortex. Dabei handelt es sich um jene Areale des Stirnhirns, die für Emotionsregulation und planerisches Denken verantwortlich sind. Mit anderen Worten: Die Sprache dient dazu, Menschen zu einem überstürzten und panikartigen Verhalten zu veranlassen.[2]

Wörter, die glücklich machen
Der Nucleus accumbens ist ein Neuronenkern im unteren Teil des Vorderhirns und gehört zu einer größeren Struktur namens Basalganglien. Er ist verknüpft mit einer weiteren Struktur im Mittelhirn, dem ventralen tegmentalen Areal (VTA). Beide sind dopaminerg, das heißt, ihre Neuronen reagieren auf den Neurotransmitter Dopamin. Dieser Botenstoff spielt eine entscheidende Rolle, wenn unser Gehirn eine Belohnung erwartet. Deshalb wird der Nucleus accumbens zusammen mit dem VTA oft als Belohnungserwartungszentrum bezeichnet. Übrigens werden auch sämtliche Süchte, sowohl stoffgebundene als auch nicht stoffgebundene, im Nucleus accumbens ausgelöst. Wenn Menschen gutes Essen, liebevolle Behandlung, Schokolade oder Kokain erwarten, feuern die Neuronen in diesem dopaminergen System.

Auch Wörter können die mit dem Nucleus accumbens verbundenen positiven Emotionen auslösen. Zu den am positivsten belegten Wörtern der deutschen Sprache gehören laut wissenschaftlichen Erkenntnissen Paradies, Liebe und Freiheit. Sie gehören zur Top-3-Liste der Berliner Neurolinguisten (Abb. 2.2).

---

[2] Um genau zu sein, ist die Amygdala, wie LeDoux nachweist, besonders involviert bei der Angstverarbeitung. Sie ist allerdings, wie neuere Studien zeigen, insgesamt an der emotionalen Bewertung von Input beteiligt. Sie spielt zum Beispiel eine Rolle beim emotionalen Gedächtnis. Ereignisse (und Wörter), die wir mit starken Emotionen verbinden, bleiben uns besser haften als emotionsarme Erlebnisse. Auch hier gilt jedoch, dass negative Emotionen – vor allem Furcht und Wut – einen stärkeren Effekt haben.

Wortart	positive Emotionen	negative Emotionen
Substantiv	Liebe, Freiheit, Paradies	Giftgas, Krieg, Nazi
Verb	lachen, küssen, freuen	foltern, lynchen, zerstören
Adjektiv	topfit, brillant, grandios	herzlos, tot, asozial

Abb. 2.2 Bitte nachbauen

Neurowissenschaftler sind sich inzwischen sicher, dass menschliche Entscheidungen immer einen emotionalen Aspekt haben. Das gilt selbstverständlich auch im B2B-Geschäft. Gelegentlich höre ich von Teilnehmern meiner Texterseminare, der emotionale Aspekt von Sprache sei bei ihnen nicht so wichtig, da sie sich zum Beispiel vorwiegend an Ingenieure und Einkäuferinnen im B2B-Bereich wenden. Haben diese Menschen keine Gefühle? Der israelisch-US-amerikanische Psychologe und Wirtschaftsnobelpreisträger Daniel Kahneman schildert in seinem Buch *Schnelles Denken, langsames Denken* sehr anschaulich, wie Manager der Illusion erliegen, sie träfen ihre Entscheidungen rational. In Wirklichkeit erliegen sie vielfältigen unbewussten und emotionalen Einflüssen.

Autorinnen von Marketingtexten sollten bewusst Wörter einsetzen, die die jeweils gewünschte Emotion hervorrufen und unterstützen.

Listen mit Wörtern, die wirken
Die folgende Liste ist eine kleine Auswahl an Wörtern mit positiver und negativer emotionaler Konnotation. Sie stammt von dem Kognitionswissenschaftler Tobias Schröder aus einem groß angelegten Projekt mit dem Titel „Languages of Emotion", einer Exzellenzinitiative an der FU Berlin von 2007 bis 2014. Die Wörter wurden auch in den Dimensionen Ruhe – Erregung und Schwäche – Macht getestet, sodass es zu Überschneidungen kommt. Das Wort Großmutter wird zum Beispiel als ruhig und angenehm empfunden. Das Wort Rivale löst unangenehme Gefühle aus und wird mit Macht in Verbindung gebracht.

Wörter, die angenehme Gefühle auslösen

- Substantive: Akademiker, Arbeiter, Arzt, Athlet, bester Freund, Besucher, Bewerber, Braut, Bruder, Bürger, Champion, Clown, Deutschland, Dozent, Ehefrau, Ehemann, Enkelkind, Familienmensch, Feuerwehrmann, Frankreich, Frau, Fußgänger, Gast, Geschäftsfrau, Großmutter, Großvater, Hausfrau, Intellektueller, Kamerad, Kind, Kleinunternehmer, Kollege, Kumpel, Ladenbesitzer, Liberaler, Liebhaber, Mitarbeiter, Professor, Psychologe, Reisender, Schwuler, Urlauber, Wirtin
- Verben: amüsieren, anlächeln, anregen, ansprechen, appellieren, applaudieren, aufklären, befriedigen, begrüßen, belohnen, beruhigen, betören, bewundern, danken, ehren, empfehlen, engagieren, entschuldigen bei, ermutigen, erregen, fragen, glauben, grüßen, informieren, inspirieren, kochen mit, kommunizieren mit, küssen, kuscheln mit, lernen von, lieben, nach Meinung fragen, plaudern mit, scherzen mit, Sex haben, spielen mit, sprechen mit, überzeugen, umwerben, verlassen auf, werben, zuhören, zusammenarbeiten mit, zuwenden
- Adjektive: aktiv, anständig, begeistert, beharrlich, beliebt, bescheiden, couragiert, direkt, durchsetzungsfähig, einfühlsam, emotional, enthusiastisch, ernsthaft, fantasievoll, feinfühlig, feminin, französisch, freundlich, fürsorglich, geduldig, geistreich, gewissenhaft, großzügig, heiter, herzlich, höflich, hoffnungsvoll, intelligent, interessiert, kommunikativ, kompetent, kooperativ, künstlerisch, kultiviert, leidenschaftlich, maskulin, mitfühlend, nett, offen, originell, pfiffig, reich, reif, rücksichtsvoll, ruhig, sorgfältig, taktvoll, temperamentvoll, tolerant, überglücklich, unternehmenslustig, verlässlich, verständnisvoll, vertrauensvoll, weiblich, wissbegierig, zuverlässig

Wörter, die unangenehme Gefühle auslösen

- Substantive: Alkoholiker, alter Knacker, Angeber, Antisemit, Arschloch, Behörde, Betriebswirt, BWL-Student, Demagoge, Drogendealer, Dummkopf, Ehebrecher, Feigling, Führer, Geizkragen, Gerichtsvollzieher, Hinterwäldler, hohes Tier, Kapitalist, Konservativer,

Lobbyist, Manager, Pessimist, Rassist, Russland, Schwarzarbeiter, Simulant, Soldat, Streikbrecher, Terrorist, USA, Verlierer, Wettbewerber, Wirtschaft
- Verben: abmahnen, abzocken, anflehen, anklagen, ausbremsen, ausrauben, bekämpfen, beschuldigen, bevormunden, drängen, ermahnen, erschrecken, Gehalt kürzen, Geld leihen von, hassen, hindern, irritieren, konfrontieren, konkurrieren mit, kritisieren, manipulieren, missbilligen, provozieren, schädigen, überwachen, unterdrücken, verdächtigen, verherrlichen, verklagen, volljammern, zurechtweisen
- Adjektive: ängstlich, aggressiv, angepasst, arrogant, böse, demütig, durchtrieben, einfallslos, fantasielos, faul, feige, feindselig, freudlos, frustriert, gedankenlos, gefühlskalt, gewöhnlich, gierig, hartherzig, hochnäsig, intolerant, konfliktscheu, konkurrierend, leichtgläubig, leichtsinnig, mutlos, pessimistisch, schwermütig, skrupellos, sorgenvoll, starrköpfig, streitsüchtig, tief traurig, trübsinnig, unaufrichtig, unbefriedigt

Ein Absturz ist bei Apple kein Absturz

Absturz, Hänger, Fehler, Problem – diese Wörter sollen Verkäuferinnen in Apple-Geschäften nach einem Bericht der britischen Tageszeitung *The Guardian* vermeiden. Stattdessen sind sie angehalten zu formulieren: Das Gerät „antwortet nicht", „hört auf zu antworten". Sie sollen bei einem Problem besser von einer Situation oder Lage reden. Statt inkompatibel zu sein, sollen sie formulieren, das Apple-Gerät „arbeitet nicht" mit den anderen Geräten.

Sprachlich führt das vermenschlichende Aktiv (als habe das Apple-Gerät eine selbstständige Entscheidung getroffen) übrigens dazu, dass den Produkten eine eigene Persönlichkeit zugesprochen wird – wenngleich eine etwas widerborstige.

Den Apple-Mitarbeiterinnen werden laut *Guardian* in einem Handbuch noch weitere sprachliche Tricks vermittelt. So sollen sie negative Äußerungen sogleich umdeuten. Ein Beispiel: Der Kunde sagt, der Mac sei ihm „einfach zu teuer". Der Verkäufer in seiner Antwort soll dieses Gefühl zunächst aufgreifen: „Ich kann verstehen, dass du so fühlst" und sie dann umdeuten: „Auch mir schien es, dass der Preis ein wenig zu hoch ist. [das Wort „teuer" taucht in der Antwort nicht mehr auf!] Aber dann wurde mir klar, dass es wegen der eingebauten Software und den Nutzungsmöglichkeiten ein guter Preis ist".

Bei den folgenden vier Wortlisten habe ich nur jene Wörter berücksichtigt, die in Marketingtexten mit einiger Wahrscheinlichkeit sinnvoll auftauchen könnten. Die vollständige Liste umfasst zum Beispiel auch Begriffe, die sowohl das Gefühl von Schwäche als auch unangenehme Empfindungen auslösen (unter anderem Asozialer, Krüppel, gequält).

Wörter, die Gefühle von Schwäche auslösen
Angestellter, Arbeitsloser, Benachteiligter, Enkelin, Konsument, Minderheit, Opfer, Rentner, Tochter, Untergebener, abzocken, beschummeln, gehorchen, schädigen, täuschen, verlieren gegen, vernachlässigen, ängstlich, angepasst, beunruhigt, einsam, empfindlich, feminin, nachgiebig, naiv, nostalgisch, still, traurig, unauffällig, unreif, vergesslich, vorsichtig, weichherzig, zurückhaltend

Greifen Sie jetzt zu!
Im Marketing sind direkte Aufforderungen sehr beliebt. „Greifen Sie jetzt zu und sichern Sie sich noch heute ihren persönlichen Sonderrabatt!". Im Online-Handel haben sich diese Formulierungen als erfolgreich erwiesen. Sie erhöhen die Kaufbereitschaft. Zum einen, weil sie durch ein Knappheitsgefühl im Gehirn Stress auslösen. Zum anderen, weil sich die Aufforderung in direktes Handeln umsetzen lässt – das Gehirn muss sich auf keine Übersetzungsleistung einlassen.

Trotzdem sollten Sie als Autor zurückhaltend damit umgehen. Denn zugleich aktiviert die Wortwahl ein Gefühl der Schwäche. Es kann also sein, dass die Kunden zwar zugreifen, sich danach aber schwach und schlecht fühlen. Solche assoziierten Gefühle werden im Gehirn im Hippocampus gespeichert, mit der Marke verknüpft und abgerufen, wenn die Marke in einem anderen Zusammenhang wieder auftaucht.

Wörter, die Gefühle von Macht auslösen
Abteilungsleiter, Bürgermeister, Bundeskanzler, Chirurg, Deutschland, Ehemann, Facharbeiter, Feministin, Gastgeber, Geschäftsfrau, Geschäftsmann, Handwerker, Interviewer, Jurist, Kapitalist, Ladenbesitzer, Liberaler, Lobbyist, Millionär, Politiker, Präsident, Professor, Publikum, Rechtsanwalt, Richter, Rivale, Sportfan, Streikführer, Teamleiter, Unternehmen, Unternehmer, Veranstalter, Volk, Wettbewerber, Wirtschaft, Wissenschaftler, abraten, analysieren, anregen, ansprechen, anweisen, auszeichnen, begrüßen, beschäftigen, beurteilen, durchsetzen gegen, engagieren, entschädigen, ermutigen,

fördern, Gespräch führen mit, gewinnen gegen, informieren, inspirieren, instruieren, kaufen (etwas), konkurrieren mit, kritisieren, nach Meinung fragen, Rechnung ausstellen, tolerieren, verhandeln mit, versprechen (etwas), angriffslustig, aufmerksam, couragiert, effektiv, eifrig, einfallsreich, erfinderisch, erregt, fleißig, froh, geistreich, gewissenhaft, interessiert, kompetent, kooperativ, männlich, maskulin, reich, überzeugend, verständnisvoll, wissbegierig, wütend, zornig, zuverlässig

Wörter, die lebhafte Gefühle auslösen
Arbeiter, Arbeitgeber, Athlet, Chef, Deutschtürke, Einkäufer, Feministin, Führungskraft, Geschäftsfrau, Geschäftsmann, Gewerkschafter, Handwerker, Kapitalist, Kleinunternehmer, Lobbyist, Manager, Managerin, Scheidungsanwalt, Schwarzarbeiter, Sexist, Streikführer, Teamleiter, Teenager, Unternehmer, Unternehmen, Veranstalter, Vorarbeiter, Wettbewerber, anflehen, anschreien, ausschimpfen, besaufen mit, brüskieren, diskutieren mit, ereifern über, Fachgespräch führen, Gehalt kürzen, Geschäft machen mit, kämpfen gegen, konkurrieren mit, kooperieren mit, nicht übereinstimmen mit, überraschen, verhandeln mit, verkaufen (etwas), zusammenarbeiten mit, aufgebracht, autoritär, direkt, effektiv, eifrig, emotional, erfinderisch, fleißig, fröhlich, geil, herrisch, herzlich, kommunikativ, konkurrierend, kontaktfreudig, offensiv, populär, praktisch, stark, weiblich, wild

Wörter, die Gefühle von Ruhe auslösen
Bibliothekar, Computerexperte, Gott, Katholik, Konservativer, Pfarrer, Psychologe, Weihnachtsmann, Abendessen mit, anlächeln, dienen, höflich behandeln, respektieren, tolerieren, trösten, anständig, befriedigt, berührt, dankbar, einfühlsam, empfindlich, feinfühlig, friedlich, gewissenhaft, höflich, kultiviert, liebevoll, loyal, mitfühlend, nachsichtig, ruhig, sorgfältig, tolerant, verständnisvoll, warmherzig, weise, wohlwollend, zurückhaltend, zuverlässig

Liste englischsprachiger emotionaler Wörter
Es gibt eine ähnliche Liste auch für englischsprachige Begriffe. Das NRC Word Emotion Association Lexicon umfasst rund 15.000 Wörter der englischen Sprache. Die Begriffe sind darin nach acht Basisemotionen („anger, fear, anticipation, trust, surprise, sadness, joy, disgust") und zwei Ausprägungen (positiv und

negativ) untersucht. Die Liste stammt vom National Research Council Canada. Sie kann für wissenschaftliche Zwecke frei genutzt werden; für kommerzielle Zwecke wird eine Gebühr erhoben.

Nicht jedes englische Wort wird in jedem Land, in dem die Sprache gesprochen wird, ähnlich empfunden werden. Ein englischsprachiger Inder wird im einen oder anderen Fall Wörter anders emotional beurteilen als eine US-Amerikanerin. Die Wissenschaftler weisen jedoch darauf hin, dass trotz kultureller Unterschiede die Mehrheit der Wörter sogar übersetzt in andere Sprachen ähnliche Emotionen wachruft.

https://saifmohammad.com/WebPages/NRC-Emotion-Lexicon.htm

Wörter, die klingen
Mein Rat, sich ihren Text am Ende laut vorzulesen, hat noch einen weiteren Grund. Der Klang der Wörter beeinflusst die Wahrnehmung durch die Leser. Wissenschaftler ließen in einem Experiment Probanden den Geschmack von bestimmten Nahrungsmitteln mit den Kunstwörtern „takete" und „bouba" beschreiben. Dabei wurden Kartoffelchips eher als „takete", Brie-Käse vornehmlich als „bouba" beschrieben.

Das Takete-Bouba-Experiment wurde übrigens vielfach durchgeführt. Der indischstämmige Neurowissenschaftler Vilayanur Ramachandran ließ Versuchsteilnehmer aus unterschiedlichen Kulturkreisen zwei Figuren benennen. Eine davon sollte Takete, die andere Babou heißen (Abb. 2.3).

Fast alle Probanden nannten den Klecks Babou und den Stern Takete.

Wie wichtig der richtige Klang ist, beweisen Studien, nach denen Firmen mit schwer aussprechbaren Namen an der Börse schlechter abschneiden als flüssiger aussprechbare. Ähnliche Effekte zeigen sich für Pro-duktnamen.

> Bei aller Vorsicht gelten folgende Regeln: Dunkle Vokale (a, o, u) drücken Traurigkeit, Trübsal und Finsternis aus, aber auch Ruhe. Helle Vokale (e, i) stehen für Belebtheit und emotionale Aufgeregtheit. Harte Konsonanten rufen Aggressivität hervor, besonders, wenn sie gehäuft auftreten. Weiche Konsonanten wirken beruhigend.

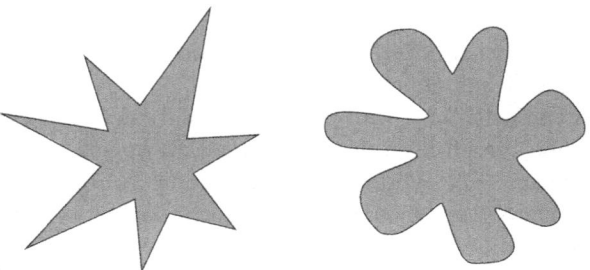

Abb. 2.3 Drawn by Andrew Dunn

Wörter, die Aufmerksamkeit erregen
Direkt hinter dem Stirnhirn befindet sich ein Areal mit dem etwas komplizierten Namen anteriorer cingulärer Kortex, abgekürzt ACC. Der ACC ist so etwas wie der Aufpasser des Gehirns. Er wird unter anderem aktiviert, wenn es zu einer Abweichung vom Erwarteten kommt, und sendet dann ein elektrisches Signal, das Wissenschaftler offiziell als „error related negativity" bezeichnen und inoffiziell als „Oh-Shit-Schaltkreis". Diese Wirkung erzielen zum Beispiel Tabuwörter. Begriffe wie Scheiße oder Arschloch brechen (unter den meisten Umständen) die Erwartungen des Gehirns an Marketingtexte. Gelegentlich setzen Firmen in der Werbung jedoch bewusst Tabuwörter ein, um eine hohe Aufmerksamkeit zu erzielen. Noch häufiger findet sich diese Methode in der Politik. Wenn rechtspopulistische Politiker von Umvolkung und Endlösung sprechen, setzen sie auf diesen Effekt.

Tabuwörter haben einer amerikanischen Studie zufolge einen hohen Erinnerungswert. Er übersteigt den von anderen emotionalen Wörtern. Ob Sie im Marketing mit Tabuwörtern arbeiten wollen, hängt stark von Ihrem Ziel und Ihrer Zielgruppe ab. Zwar gibt es noch keine Forschung dazu, doch lässt sich vermuten, dass junge Männer zum Beispiel weniger negativ auf Tabuwörter reagieren als akademisch gebildete Rentnerinnen. Ein Berliner Start-up kommt mit dem Tabubruch vermutlich besser durch als eine Züricher Privatbank.

Die Kraft der unscheinbaren Wörter
James Pennebaker, Psychologieprofessor an der Universität von Texas, hat zusammen mit seinen Mitarbeitern in jahrelanger Arbeit eine Software entwickelt, die die Rolle von Pronomen, Artikeln und Konjunktionen in Texten analysiert. Diesen Hilfswörtern wurde lange Zeit wenig Beachtung geschenkt. Die linguistischen Studien konzentrierten sich auf Substantive, Verben und Adjektive, wie auf den vorangegangenen Seiten geschildert. Diese lassen sich zudem leichter an Probanden testen, da sie sinntragend sind. Was aber ist mit „der", „die", „das"? Was mit „wir" und „unsere"? Was mit „und" oder „obwohl"?

Pennebakers Software analysiert wie häufig bestimmte Hilfswörter benutzt werden. Mit ihrer Hilfe lässt sich mit einer weit über dem Zufall liegenden Wahrscheinlichkeit die Persönlichkeit der Autorinnen und Autoren bestimmen. Seine Erkenntnisse werfen dabei eine Reihe von Vorurteilen über den Haufen. Hier einige Beispiele für Pennebakers Analysen:

- Frauen sagen häufiger „ich" als Männer. Das mag daran liegen, dass Frauen sich stärker absichern. Pennebaker nennt als Beispiel einen typisch weiblichen Satz: „Ich glaube, es ist kalt." Männer hingegen sind apodiktischer. Sie sagen einfach: „Es ist kalt."
- Männer benutzen mehr bestimmte Artikel, weil sie häufiger über Konkretes und über Fakten reden, was mehr Substantive erfordert.
- Lügner benutzen seltener ausschließende Wörter („außer", „aber", „ohne") und seltener „ich", weil sie zum Beispiel bei ihren Schilderungen auf das Passiv ausweichen.
- Jüngere Menschen benutzen mehr Personalpronomen, besonders „ich"; ältere Autoren öfter Artikel, Substantive und Präpositionen, weil die Ich-Bezogenheit im Alter nachlässt.
- Menschen in Machtpositionen sagen seltener „ich" – sie haben es schlichtweg nicht nötig, da sie mit Autorität allgemein verbindlich sprechen können. Das ist dem Wissenschaftler sogar an seiner eigenen Korrespondenz aufgefallen. Eine Studentin schrieb ihm folgende E-Mail: „Sehr geehrter Dr. Pennebaker: **Ich** war in Ihrem Einführungskurs Psychologie im vergangenen Semester. **Ich** fand Ihre

Vorlesung hervorragend und **ich** habe viel gelernt. **Ich** habe eine E-Mail von Ihnen erhalten, mit Ihnen zusammen an einem Forschungsprojekt zu arbeiten. Hätten Sie Zeit, mit **mir** darüber zu sprechen?" Pennebaker antwortete: „Liebe Pam – Das wäre großartig. Diese Woche passt nicht so gut wegen einer Vortragsreise. Wie wäre es nächsten Dienstag zwischen 9 und 10:30 Uhr? Es wäre großartig, Sie zu sehen." Fünf Personalpronomen in der Anfrage, kein einziges in der Antwort!
- Menschen mit höherer Bildung benutzen mehr Konjunktionen. Das liegt daran, dass sie komplexere Aussagen machen, die sie zudem begründen (zum Beispiel mit „weil", „darum").

Die Analysesoftware gibt es inzwischen auch für Deutsch.

Vorsicht mit „wir"

Gelegentlich wird Autorinnen und Rednern geraten, möglichst oft von „wir" zu sprechen. Dadurch schüfen sie ein Gemeinschaftsgefühl. Die Analysen von James Pennebaker lassen zur Vorsicht raten. Es gibt nämlich drei verschiedene Arten des „wir":

- das gemeinschaftliche „wir", das den Autor und die Zuhörer als Teil einer Gruppe versteht: „Wir Freunde des Marathonsports ..."
- das ausgrenzende „wir", das einen Gegensatz zwischen „wir" und den anderen aufbaut, eventuell sogar Distanz zum dem Angesprochenen: „Wir bedauern Ihnen mitteilen zu müssen ..."
- das herrschaftliche „wir", das eine Scheingemeinschaft beschwört, in Wirklichkeit aber Verantwortung und Arbeit an Niederrangigere delegiert: „Wir als Unternehmen müssen dem Kundenservice mehr Aufmerksamkeit widmen ..."

Nur das gemeinschaftliche „wir" erzielt den gewünschten Effekt. Prüfen Sie also genau, welche Wir-Form Sie in Ihnen Texten verwenden.

„Sie Idiot!" – Sprache im Beschwerdemanagement

Eine besondere Rolle spielt die emotionale Sprache, wenn sich Kundinnen und Kunden beschweren. In vielen Schulungen zu diesem Thema haben mir Teilnehmende berichtet, dass die Wortwahl bei Beschwerden an Schärfe zugenommen habe. Die Schreiber (und in diesem Fall sind es in der Tat vorwiegend Männer) würden schneller ausfällig werden und sie würden zu drastischeren Beschimpfungen neigen.

Es ist klar, dass die richtigen Worte allein Menschen, die sich ausfällig äußern, nicht beruhigen werden. In extremen Fällen ist es wichtig, den Sich-Beschwerenden die Grenzen aufzuzeigen, indem man höflich und bestimmt einen nicht akzeptablen Ton zurückweist. Dennoch kann die richtige Wortwahl in vielen Fällen helfen, den Kunden zufriedenzustellen – statt seine Wut noch zu steigern.

Bei Antwortschreiben zu Beschwerdebriefen bestehen drei Gefahren:

- Die Antwortende fühlt sich persönlich angegriffen, reagiert patzig oder wird gar selbst ausfällig.
- Der Antwortende verkennt die wahren Gründe, die den Beschwerdeschreiber veranlasst haben, und reagiert rechthaberisch. Statt einer überzeugenden, die Bedürfnisse des Kunden ansprechenden Begründung, heißt es: Das ist bei uns halt so. Dann kann man nix machen.
- Die Antwortende reagiert zwar sachlich richtig, verbleibt aber in einem bürokratischen Ton. Ihrem Stil fehlt die emotionale Note. Oft besteht in Firmen die Angst, bei zu höflich formulierten Briefen vermute der Kunde Schwäche und Nachgiebigkeit. Auch seien zu höfliche Formulierungen nicht rechtssicher.

In vielen Unternehmen greifen die Beschwerdeabteilungen auf Musterformulierungen zurück, die auch genauso klingen. Das ist vermutlich bei einem Massengeschäft mit Tausenden von Beschwerden (etwa bei der Deutschen Bahn) nicht anders möglich. Bei kleineren Unternehmen und bei wichtigen Kunden lohnt es sich aber, individuelle Antwortschreiben zu verfassen. Dabei gelten die folgenden sieben Ratschläge:

1. Formulieren Sie positiv. Statt „Das weiß ich auch nicht" wäre ein „Ich werde mich bei der zuständigen Abteilung informieren und Ihnen bis nächsten Dienstag antworten" besser.
2. Aber verkaufen Sie den Kunden nicht für dumm. Wenn eine Bank eine Filiale schließt, sollte Sie das den Kunden nicht mit der Botschaft

ankündigen: „Wir verbessern unsere Beratungsqualität", weil diese jetzt in der 20 Kilometer entfernten Hauptgeschäftsstelle umfänglicher beraten werden könnten.
3. Nehmen Sie die emotionalen Äußerungen des Kunden ernst und gehen Sie darauf ein. Oft genügt es, sie zu wiederholen. Psychologische Experimente haben gezeigt, dass sich Menschen besser verstanden fühlen, wenn ihr Gegenüber ihren Ärger in eigenen Worten nochmals formuliert.
4. Sprechen Sie die Sprache des Kunden. Menschen, die sich einer einfachen und schlichten Sprache bedienen, fühlen sich durch einen akademischen Ton nicht ernst genommen und geben an, von oben herab behandelt zu werden. Einige Wähler in den USA sagen, sie hätten nur deshalb für Donald Trump gestimmt, weil man „bei dem Typen kein Fremdwörterlexikon braucht, um ihn zu verstehen".
5. Schreiben Sie offen und ehrlich und treffen Sie klare Aussagen. Erfolgreiches Beschwerdemanagement besteht nicht darin, um den heißen Brei herumzureden.
6. Vermeiden Sie Belehrungen und den Eindruck, Sie halten den Kunden für dumm – selbst wenn er etwas Dummes gesagt oder getan hat. Diesen Fehler erlebe ich oft bei IT-Experten, die bei ihren Antworten auf Beschwerden durchblicken lassen, dass sie den Kunden für einen Technikidioten halten.
7. Achten Sie genau auf Ihre Wortwahl. Klopfen Sie die benutzen Begriffe auf ihre Konnotationen ab. Aufgebrachte Kunden legen jedes Wort auf die Goldwaage. Umgekehrt sollten Sie selbst nicht jedes Wort des Kunden auf die Goldwaage legen.

Beispiele für Antworten auf Beschwerden
Hier einige konkrete Vorschläge:

Es ist oft besser, wenn der Antwortende nicht von „wir" (das Unternehmen im Gegensatz zu dir, dem Kunden) spricht, sondern von sich. Beispiel: „Wir haben Ihre Mail an die IT-Abteilung weitergeleitet …" klingt weniger zuvorkommend als „Ich habe Ihre Mail unverzüglich an die IT-Abteilung weitergeleitet …". Durch das „unverzüglich" heben Sie hervor, dass Ihnen eine schnelle Antwort wichtig ist (die dann auch erfolgen sollte). Dies lässt sich noch steigern: „Ich habe mich gleich darum gekümmert und Ihre Mail gerade eben direkt an die IT-Abteilung geschickt".

Ein zweites Beispiel: „Wir können nachvollziehen, dass ..." suggeriert der Kundin, dass man ihre Beschwerde intellektuell nachvollziehen könne. „Nachvollziehen" kann man aber den größten Unsinn. Besser ist es deshalb zu schreiben: „Ich kann sehr gut verstehen, dass ...". Noch besser ist es, wenn der Antwortende eine persönliche Note einbringt: „Ich kann sehr gut verstehen, dass Sie sich über die Lieferverzögerung geärgert haben. Mir geht es oft selbst so, wenn ich ganz dringend eine Bestellung herbeisehne und sie kommt und kommt nicht. Aber ich möchte Ihnen gern erklären, was in Ihrem Fall passiert ist."

Menschen reagieren gelassener, wenn Ihnen für Fehler überzeugende Gründe genannt werden. Das hat selbst die Deutsche Bahn verstanden. Früher lauteten die Ansagen schlicht: „Der Zug hat 40 Minuten Verspätung. Wir bitten um Ihr Verständnis". Inzwischen wird ein Grund genannt: „Unser Zug hat eine Verspätung von 40 Minuten. Grund dafür ist eine Störung im Betriebsablauf". Das ist etwas besser, aber bei Weitem nicht gut genug, denn „Störung im Betriebsablauf" ist unspezifisch. Bei einem konkreten Grund würden die meisten Fahrgäste mit Verständnis reagieren: „Leider sind wir mit unserem Zug 40 Minuten verspätet. Der Grund: Vor uns laufen gerade ein paar Schafe über die Schienen".

Die Neurobiologie des Schimpfens
Im Gehirn der Betroffenen lassen sich beim Schimpfen und Beschimpftwerden unterschiedliche neuronale Vorgänge beobachten. So zeigt eine englische Studie, dass Schimpfen das Schmerzempfinden senkt. Es dämpft die Reaktion der Amygdala und anderer limbischer Regionen, die mit Emotionen verbunden sind. Mit anderen Worten: Zu schimpfen entlastet den Schimpfenden. Umgekehrt wird die Amygdala bei dem Beschimpften hochaktiv. Die Person fühlt sich angegriffen und reagiert darauf mit dem Wunsch, entweder zurückzuschlagen oder zu fliehen (Flucht-oder-Kampf-Reaktion). Es ist also gar nicht so dumm, in der Abteilung für Beschwerde-E-Mails einen Boxsack aufzuhängen, an dem die Mitarbeiter ihre Amygdala beruhigen können.

2.4 Wir denken in Bildern

Als Barack Obama 2008 die Wahl zum US-Präsidenten gewonnen hatte, hielt er in Chicago eine bemerkenswerte Ansprache (Obama 2008). Sie gehört vermutlich zu den besten Beispielen politischer Rhetorik im 21. Jahrhundert. Jede Marketingautorin kann von dieser Rede viel lernen, denn viele Marketingschreiber tun sich schwer mit Anschaulichkeit und Bildhaftigkeit. Sie setzen lieber darauf, in einem Text 17 Mal das Wort „innovativ" vorkommen zu lassen und „nachhaltig", „kreativ" und „zeitnah" oft und gern einzustreuen.

Anschaulich statt abstrakt
Obama hingegen übersetzt fast jede abstrakte Aussage in eine bildhafte Formulierung. Er sprach nicht von einer „außerordentlichen hohen Wahlbeteiligung, bei der sich Angehörige aller soziodemographischen Gruppen trotz einiger Widrigkeiten beteiligt haben". Sondern er sagte:

> Dies ist die Antwort, die sich in langen Schlangen vor Schulen und Kirchen ausgedrückt hat, von so vielen Menschen, wie es dieses Land noch nie gesehen hat, Menschen, die drei Stunden, vier Stunden warteten, viele zum ersten Mal in ihrem Leben – weil sie davon überzeugt waren, dass es diesmal anders laufen muss und dass ihre Stimme einen Unterschied macht.
>
> Es ist die Antwort der Jungen und der Alten, der Armen und der Reichen, von Demokraten und Republikanern, Schwarzen und Weißen, Spanischstämmigen, Asiatisch-Stämmigen, Ureinwohnern, Schwulen, Heteros, Behinderten und Nichtbehinderten.

Die Schlangen vor Schulen und Kirchen haben die Zuhörer sofort vor Augen. In der konkreten Aufzählung seiner Wählergruppen kann sich jeder wiederfinden (alt oder jung, arm oder reich, schwarz oder weiß, heterosexuell oder homosexuell ist schließlich fast jeder).

Obama erzählt über die Anfänge seiner Bewerbung um die Präsidentschaft. Auch hier zählt er konkrete Orte auf und nennt konkrete Summen.

> Ich war nie der erfolgversprechendste Kandidat für dieses Amt. Wir haben nicht mit viel Geld angefangen und nicht mit viel Unterstützung. Unser

Wahlkampf wurde nicht in den Hallen von Washington ausgedacht. Er begann in den Hinterhöfen von Des Moines und den Wohnzimmern von Concord und unter den Vordächern von Charleston. Er wurde getragen von hart arbeitenden Männern und Frauen, die auf ihre kleinen Ersparnisse zurückgegriffen haben, um fünf Dollar und zehn Dollar und zwanzig Dollar für unsere Sache zu spenden.

Natürlich sind auch an anderen Orten Wahlhelfer zusammengekommen und es wurden andere Geldbeträge gespendet. Dennoch käme niemand auf die Idee zu sagen: „Ich bin aber gar nicht aus Des Moines, sondern aus Baltimore". Dieses Stilmittel bezeichnet man als pars pro toto (Teil für das Ganze). Autoren in meinen Seminaren verteidigen ihre abstrakten Formulierungen oft mit dem Hinweis, nur dadurch alle denkbaren Umstände abdecken zu können. Das ist aber in der Regel gar nicht nötig: Das Konkrete steht für das Ganze.

Obama verdichtet noch weiter. Um anschaulich zu machen, welchen gewaltigen Umbruch seine Wahl für viele Menschen bedeutet, greift er sich eine Wählerin heraus, die er pars pro toto einführt.

In dieser Nacht geschahen viele Dinge erstmalig und viele Geschichten werden noch in Generationen erzählt werden. Aber eine davon kommt mir besonders in den Sinn. Sie handelt von einer Frau, die ihre Stimme in Atlanta abgab. Sie ähnelt den Millionen anderen, die in den Schlangen warteten, um ihrer Meinung in dieser Wahl Gehör zu verschaffen. Mit einer einzigen Ausnahme: Ann Nixon Cooper ist 106 Jahre alt.

Sie wurde gerade einmal eine Generation nach Abschaffung der Sklaverei geboren, zu einer Zeit, als es noch keine Autos auf den Straßen und keine Flugzeuge am Himmel gab. Als jemand wie sie aus zwei Gründen nicht wählen durfte: weil sie eine Frau war und wegen der Farbe ihrer Haut.

Anhand dessen, was Ann Nixon Cooper miterlebt hat, gelingt es Obama in den darauffolgenden Passagen, die Geschichte der Vereinigten Staaten in den letzten 100 Jahren Revue passieren zu lassen.

Die Obama-Rede macht deutlich, welche Kraft in einer bildhaften, anschaulichen Sprache steckt. Diese Kraft sollten Sie für Ihre Marketingtexte nutzen.

> Spüren Sie kraftlose, abstrakte Sätze und Passagen in Ihren Marketingtexten auf und übersetzen Sie diese konsequent in eine anschauliche Sprache. Mag sein, dass Sie am Ende aus rechtlichen Gründen oder anderen Erwägungen nicht jede neue Formulierung werden verwenden können. Aber die Übung schult darin, das Potenzial aufzuspüren.

Hier folgt ein Beispiel, wie aus einem abstrakten Text ein anschaulicher wird. Die Wirtschaftsprüfungs- und Beratungsgesellschaft PwC be-schreibt eines ihrer Angebote so:

> Mit „Business Continuity Management (BCM)" bietet PwC Unternehmen ein umfassendes Service-Portfolio, um die Funktionsfähigkeit unternehmenskritischer Geschäftsprozesse und Ressourcen sicherzustellen. Im Krisenfall unterstützen wir Sie dabei, diese innerhalb einer definierten Wiederanlaufzeit wiederherzustellen. Gemeinsam diskutieren wir Ihre Bereitschaft, Risiken in Kauf zu nehmen und einen anzunehmenden Schaden zu tolerieren. Der Fokus der PwC-Experten liegt dabei auf Szenarien, die hohen Schaden verursachen, jedoch eine geringe Eintrittswahrscheinlichkeit haben. Wir ermitteln relevante Krisenszenarien und mögliche Kontinuitätsstrategien.

Bildhafter könnte der Text so lauten:

> Stellen Sie sich vor, ihre Produktionshalle brennt ab. Oder ihr Server bricht nach einem Hacker-Angriff zusammen. Auch in diesen Fällen muss ihr Geschäft weiterlaufen. Sie müssen weiter produzieren und ausliefern können und weiter mit ihren Geschäftspartnern kommunizieren. Deshalb sollten Sie sich auf Krisen vorbereiten: mit einem „Business Continuity Management" (BCM).
> Wir stehen Ihnen dabei zur Seite. Dazu setzen wir uns gemeinsam an einen Tisch und reden darüber, welche Risiken Sie in Kauf nehmen würden und welchen Schaden Sie gerade noch tolerieren können. Die PwC-Experten hören Ihnen genau zu. Sie weisen Sie auf Szenarien hin, die zwar unwahrscheinlich sind, bei denen Sie aber sehr viel Geld verlieren können. Gemeinsam denken wir darüber nach, welche Krisen in Ihrem Unternehmen auftreten könnten und wie man sich ihnen entgegenstellen kann.

Die Macht der Metaphern

> Verbrechen ist wie ein wildes Tier, das die Stadt Addison heimgesucht hat. Die Kriminalitätsrate in dieser einst friedlichen Stadt ist in den vergangenen drei Jahren unablässig gestiegen. In der Tat sieht es so aus, als ob die Kriminalität in jedem Stadtteil lauert. 2004 wurden 46.177 Verbrechen gemeldet, 2007 waren es schon 55.000. Besonders alarmierend ist der Anstieg der Gewaltverbrechen. 2004 wurden 330 Morde gezählt, 2007 waren es über 500.

Diesen Text legten die Standford-Professorin Lera Boroditzky und Kollege Paul Thibodeau ihren Probanden vor. Diese sollten Maßnahmen vorschlagen, die die Stadt ergreifen könne, und im Text jene Passagen unterstreichen, die sie zu ihrem Urteil veranlasst hatten. Der Trick: Eine weitere Gruppe von Versuchsteilnehmern erhielt einen nahezu identischen Text – mit einer Ausnahme: Statt von einem „wilden Tier" und „lauern" wurde die Kriminalität darin mit einer Krankheit verglichen, die die Stadt befallen habe. Dieser Austausch der Metaphern wirkte sich erheblich auf die Vorschläge zur Kriminalitätsbekämpfung aus. Während in der Wilden-Tier-Fassung drei Viertel der Befragten mehr Polizei und strengeres Vorgehen favorisierten, waren es nur etwas über der Hälfte jener, bei denen Kriminalität mit einer Krankheit verglichen worden war. Diese Probanden zeigten sich erheblich offener gegenüber sozialpolitischen Maßnahmen.

So gut wie niemand erkannte, dass sein Urteil durch die Metapher beeinflusst worden war. Vielmehr behaupteten fast alle Teilnehmer, allein die Zahlen und Fakten begründeten ihre vorgeschlagenen Maßnahmen.

Dieses Beispiel macht deutlich, wie sehr unbewusste wahrgenommene sprachliche Mittel unser Denken beeinflussen. Der amerikanische Linguist George Lakoff, einer der wichtigsten Metaphernforscher der Welt, behauptet sogar, bildhaftes Sprechen gehen in der Geschichte der menschlichen Sprachentwicklung der abstrakten Sprache voraus. Selbst so abstrakten Vorstellungen wie Zeit liege eine versteckte Metapher zugrunde, nämlich das Zeit eine Strecke sei. Deshalb sprechen wir davon, dass ein Meeting „vor uns liege", dass ein Ereignis „lange zurückliegt", dass wir „in die Zukunft blicken" müssen.

Es ist nahezu unmöglich, nicht in Metaphern zu reden. Nehmen wir als Beispiel einen leicht gekürzten Auszug aus einem Konjunkturbericht einer deutschen Privatbank:

> Der private Konsum war 2018 erneut wesentlicher *Wachstumstreiber*. Mit nachlassendem zyklischen *Rückenwind dämpften* allerdings im Jahresverlauf strukturelle Hemmnisse, die ungünstige demografische Entwicklung und die *angespannte* Verschuldung im Unternehmenssektor die Zuversicht. Insbesondere die schon lange als *Wachstumslokomotive* fungierende chinesische Wirtschaft tat sich schwer, *auf Kurs zu bleiben*.

Sehen wir einmal darüber hinweg, dass die Metaphern hier munter durcheinanderpurzeln (bei nachlassendem Rückenwind dämpft eine angespannte Verschuldung), so wird dennoch deutlich, wie sehr Metaphern unsere Alltagssprache prägen – selbst dort, wo wir sie für absolut sachlich halten.

Aber die Metaphern, die wir benutzen, beeinflussen unser Denken. Wenn Sie formulieren „Unser Programm ist ihre Treppe zum Erfolg", geht der Blick der Leser nach oben. Wenn Sie schreiben „Die Anforderungen stürzen auf Sie ein", wird sich der Leser unwillkürlich ein wenig zusammenziehen. Die körperliche Reaktion ist übrigens nicht nur als Metapher gemeint, sondern wörtlich. Psychologen der Cornell-Universität in den USA lasen Probanden, die auf eine kahle Wand blickten, anschauliche Texte vor, in denen Richtungen angegeben wurden. Dabei maßen sie die Augenbewegungen. Zum Beispiel:

> Sie stehen auf der Straße gegenüber einem 40-stöckigen Hochhaus. Am Fuß des Gebäudes steht ein Wachmann in blauer Uniform. Im zehnten Stock hängt gerade eine Frau ihre Wasche auf. Im 29. Stock sitzen zwei Kinder auf der Feuerleiter und rauchen Zigaretten. Am dem obersten Stockwerk stehen zwei Menschen und rufen.

Die Probanden bewegten in diesem Beispiel die Augen unwillkürlich nach oben. Mit anderen Geschichten riefen sie Augenbewegungen nach rechts, nach links und nach unten hervor.

2.5 Framing und Priming

Würden Sie als Hersteller von Bitterschokolade ihr Produkt „Bitterschokolade" nennen? Es wäre jedenfalls keine gute Idee. Denn das Wort Bitterschokolade ruft Assoziationen wach, die mit dem Begriff bitter verbunden sind: Bitterkeit, verbittert, bittere Enttäuschung, bitteres Unrecht, bittere Kälte, das ist bitter für ihn. Menschen sind evolutionsbiologisch darauf getrimmt, bittere Nahrung zu meiden, da sie oft giftig ist. Sie täten also besser daran, ihre Schokolade „edelbitter" oder „zartbitter" zu nennen, um ihr den bitteren Beigeschmack zu nehmen. Noch besser ist, sie sprechen von „dunkler Schokolade" oder einem „hohen Kakaoanteil".

Die Linguisten sprechen hierbei von Framing und Priming. Framing bedeutet, einen Bedeutungsrahmen zu setzen, innerhalb dessen die Leser Aussagen interpretieren. Priming[3] bedeutet (in diesem Fall), dass ein Begriff andere, mit ihm zusammenhängende Begriffe wachruft – und damit auch die dazugehörigen Empfindungen. So wie „bitter" mit unangenehm und giftig assoziiert wird.

Die gesamte öffentliche Diskussion ist vom Kampf um die richtigen Frames geprägt. Neuerdings werden Gesetze in Deutschland nicht mehr mit ihren meist störrischen juristischen Bezeichnungen benannt, sondern heißen „Gute-Kita-Gesetz" und „Starke-Familien-Gesetz". Wer mag schon öffentlich gegen ein Gesetz auftreten, das gute Kitas und starke Familien verheißt?

Rechtspopulisten ist es gelungen, den Begriff „politisch korrekt" zu diskreditieren. Wer sich nach dieser Lesart „politisch inkorrekt" verhält, legt geradezu so etwas wie Rebellengeist an den Tag. Was aber, wenn man „politisch korrekt" durch „sich anständig seinen Mitmenschen gegenüber verhalten" ersetzt? Die Bereitschaft, dagegen in Stellung zu gehen, dürfte deutlich sinken.

---

[3] In der Psychologie und den Kognitionswissenschaften spielt Priming (auf Deutsch: Vorbahnung) eine sehr große Rolle. Allgemein gesprochen bezeichnet der Begriff, wie die kognitive Verarbeitung eines Reizes durch einen vorangegangenen Reiz beeinflusst wird.

Öffentliche Aufmerksamkeit erlangte Anfang des Jahres 2019 ein Gutachten der Sprachwissenschaftlerin Elisabeth Wehling, einer Schülerin von George Lakoff, für die ARD. Darin verwies sie zum Beispiel darauf, dass die Gegner des öffentlich-rechtlichen Rundfunks den Rundfunkbeitrag als „Zwangsgebühren" bezeichnen. Die Abschaffung wäre demnach eine Befreiung von einem Zwang – also in den Augen der meisten Menschen etwas Positives. Dagegen schlägt das Gutachten vor, man könnte stattdessen von einer „finanziellen Beteiligung" der Bürger sprechen. Unabhängig was Sie inhaltlich davon halten: Alle Beteiligten einer öffentlichen Diskussion (und natürlich auch im Marketing) haben das Recht, zu solchen sprachlichen Mitteln zu greifen, um Menschen zu beeinflussen.

Die Macht des Framings
Beim Framing kommt es also darauf an, die eigenen Botschaften in den richtigen Kontext zu stellen. Wie wichtig das ist, zeigt ein frühes Experiment von Daniel Kahneman und seinem Kollegen Amos Tversky aus dem Jahr 1981. Darin sollten Probanden eine wichtige Entscheidung treffen. Die USA, erfuhren sie, bereiteten sich auf den Ausbruch einer gefährlichen Krankheit vor. Unbehandelt würden 600 Menschen daran sterben.

Eine Gruppe erhielt folgende Beschreibung einer Handlungsoption (kursive Hervorhebungen durch mich):

> Zwei alternative Programme zur Bekämpfung der Krankheit wurden vorgeschlagen. Durch Programm A würden 200 Personen *gerettet*. Bei Programm B gäbe es eine Ein-Drittel-Wahrscheinlichkeit, dass alle 600 Menschen *gerettet* werden, und eine Zwei-Drittel-Wahrscheinlichkeit, dass *niemand gerettet* wird. Welches der beiden Programme würden Sie bevorzugen?

Fast drei Viertel entschieden sich für das erste Programm. Einer anderen Gruppe wurden die gleichen Fakten in anderen Worten (und einem anderen Frame) geschildert:

Durch Programm C würden 400 Menschen *sterben*. Bei Programm D gibt es eine Ein-Drittel-Wahrscheinlichkeit, dass *niemand stirbt*, und eine Zwei-Drittel-Wahrscheinlichkeit, dass 600 Menschen *sterben* werden.

In dieser Gruppe wählten mehr als drei Viertel das zweite Programm. In Wirklichkeit beschreiben die beiden Textvarianten das gleiche Szenario. Die Programme A und C sowie die Programme B und D entsprechen sich – nur dass im ersten Fall die Versuchsteilnehmenden auf „retten" geprimt wurde, im zweiten Fall auf „sterben".

> Definieren Sie für Ihre Marketingtexte ein Priming-Vokabular, das Ihrer Zielgruppe entspricht.

Beispiel: Sie bieten eine Dienstleistung für Familienunternehmen an. Dann sollten Sie in Ihren Texten Worte wie „Beständigkeit", „zuverlässig", „Verantwortung", „Generationen" und „solide" benutzen. Aber Vorsicht: Vermeiden Sie negierendes Priming!

Negierendes Priming
Eines der bekanntesten Bücher des Linguisten George Lakoff hat den Titel „Don't Think of an Elephant!". Er verweist darin auf den Effekt eines negierenden Primings. Wer ein Wort liest, wird dadurch automatisch geprimt. Wer aufgefordert wird, nicht an einen Elefanten zu denken, denkt erst recht an einen Elefanten. Wenn ein Finanzdienstleister also verspricht „Die Gefahr eines Verlusts ist gering", dann reagieren die Leser auf die Worte „Gefahr" und „Verlust". Besser wäre es, von „hoher Sicherheit" zu sprechen.[4]

---

[4] Die Möglichkeiten positiver Formulierungen sind durch gesetzliche Informationsvorschriften begrenzt.

2.6 Die magischen Zahlen

Auch Zahlen haben ihre Magie. So haben Psychologen herausgefunden, dass bestimmte Zahlen den Menschen richtiger, runder, vollständiger und angenehmer vorkommen als andere. Warum, das lässt sich nicht rational begründen. Vielfach spielen kulturelle Traditionen eine Rolle Die fünf Top-Zahlen sind:

- 3: „Aller guten Dinge sind drei". Präsentationen sollten sich auf drei entscheidende Punkte konzentrieren, empfehlen viele Präsentationstrainer. Auch das Trikolon (siehe Abschn. 1.6) verleiht einem Texteinstieg Dynamik.
- 5: Das kann man sich an den fünf Fingern seiner Hand abzählen.
- 7: Das ist die magischste aller magischen Zahlen. Es fängt bei den sieben Weltwundern an, über den siebenarmigen Leuchter im Judentum, die sieben Todsünden, die sieben Himmel im Islam, die sieben Tage der Woche, in denen Gott die Welt erschuf, bis zu den Märchen „Schneewittchen und die sieben Zwerge" und „Sieben auf einen Streich". Der Psychologe George Miller verwies schon 1951 darauf, dass das menschliche Arbeitsgedächtnis im Schnitt sieben Informationseinheiten speichern könne.
- 10: Mit dem Zehnersystem rechnen wir; die Zehn Gebote sind uns wohl vertraut (zumindest dem Namen nach).
- 12: Das Zwölfersystem liegt unserer Zeiteinteilung zugrunde (12 Stunden des Tages, 12 Stunden der Nacht). Wir kennen die zwölf Apostel und die zwölf Stämme Israels und sprechen noch heute vom Dutzend, einem Überbleibsel eines alten, im Handel gebräuchlichen Mengensystems.

Übrigens: Es ist wirkungsvoller, die Zahlen als Ziffern zu schreiben – entgegen dem Rat des Dudens, der bis zu zwölf die ausgeschriebene Notation vorzieht.

2.7 Die wichtigsten Stilmittel

Die klassischen Stilmittel würzen einen Text. Sie funktionieren seit der Antike. Hier eine kleine Auswahl:

Alliteration heißt auf Deutsch auch Stabreim. So bezeichnet man es, wenn zwei oder mehrere Wörter hintereinander den gleichen Anlaut haben. Also zum Beispiel: „praktische Präsentationen" oder „frisch, fromm, fröhlich, frei". Die germanische Dichtung nutzt den Stabreim als Versmaß; er ist in unseren Breiten also älter als der Endreim.

Anapher ist die Wiederholung des Satzanfangs. Sie macht eine Aussage zum einen eindringlicher, zum anderen erhöht sie die Wahrscheinlichkeit, dass der Zuhörer sich die Formulierung merkt. Ein Beispiel: „Lange haben die Römer gelitten, lange haben sie gekämpft und lange haben sie gehofft".

Chiasmus ist die Überkreuzung von Satzteilen oder Sätzen. Die Teile stehen oft in einer Spannung zueinander. Ein Beispiel wäre der lateinische Spruch „ars longa, vita brevis", zu Deutsch „Die Kunst ist lang, und kurz ist das Leben". Allerdings erfordert die Komplexität einer solchen Konstruktion die Aufmerksamkeit der Zuhörer. Sie können den Chiasmus deshalb nicht beiläufig einfließen lassen, sondern müssen ihn mit Nachdruck einführen – zum Beispiel als Ihre Kernthese.

Ellipse benennt die Auslassung. Man spricht von dieser rhetorischen Figur zum Beispiel bei unvollständigen Sätzen, die der Zuhörer im Kopf ergänzt. Wenn Sie zum Beispiel beim Erzählen einer Geschichte nur „Totenstille!" sagen, ist dem Zuhörer klar, dass der grammatisch korrekte und vollständige Satz heißen müsste: „Es herrschte eine Totenstille!" Die Ellipse taktet einen Vortrag, macht ihn spannender und steigert durch ihre Kurze und Prägnanz die Aufmerksamkeit der Zuhörer.

Hendiadyoin nennt man es, wenn zwei Wörter ähnlicher oder gleicher Bedeutung miteinander verbunden werden, also zum Beispiel: „frank und frei", „Feuer und Flamme", „klipp und klar", „mit Fug und Recht". Wie Sie sehen, ist das Hendiadyoin in vielen Fällen mit einer Alliteration verbunden.

Inversion heißt Umstellung. Dabei wird die übliche Wortstellung im Satz verändert, um einen Begriff besonders hervorzuheben, zum Beispiel: „Großartig ist diese Architektur".

Klimax benennt die Steigerung zum Ende hin. Diese Stilfigur wird häufig mit anderen rhetorischen Mitteln verknüpft, etwa in diesem Beispiel: „Mark Zuckerberg begeisterte mit seiner Idee ‚Facebook' die Harvard-Studenten. Er begeisterte die Menschen in Amerika. In Europa.

Asien. Der ganzen Welt." Das Gegenteil, also die Treppe nach unten vom Großen und Bedeutsamen zum Kleinen und Konkreten, nennt man Antiklimax: „In ihrer Jugend wollte sie die Welt verändern. Dann das Land. Später ihre Stadt. Heute ist sie stolz, wenn sie im Ortsbeirat eine neue Sitzbank im Park durchgesetzt hat".

Neologismus bezeichnet ein neugebildetes Wort. Im Marketing und in der Werbung sind Neologismen nicht selten. Zum Beispiel „unkaputtbar", das von Coca-Cola zur Einführung der PET-Flasche erfunden wurde.

Oxymoron ist die Bezeichnung für einen inneren Widerspruch, der aber bewusst eingesetzt wird, um dadurch die Zuhörer neugierig zu machen. Ein Oxymoron wäre: „Er hatte viele Freunde und war zutiefst einsam".

Paralipse nennt man es, wenn man so tut, als wolle man etwas nicht ansprechen – und es gerade dadurch vorträgt: „Ich will hier gar nicht erwähnen, wie unfair ein solches Verhalten war …".

Parallelismus wird genannt, wenn zwei oder mehrere Satzteile hintereinander nach dem gleichen Schema konstruiert sind. Ein bekanntes Beispiel: „Reden ist Silber, Schweigen ist Gold". Der Parallelismus kann entweder tautologisch sein (die gleiche Aussage wird wiederholt) oder antithetisch (die Aussagen widersprechen sich).

Trikolon heißt die Dreierfigur, wie hier in einem Teaser bei *Spiegel-Online*: „Flughafen, Hotelbar, Konferenzraum – die Drehorte für einen Film über Unternehmensberater sind schnell gefunden". Das Trikolon sorgt für besondere Eindringlichkeit.

Ihr Transfer in die Praxis

- Definieren Sie, in welcher Tonalität und in welchem Sprachstil Ihr Unternehmen kommunizieren will. Legen Sie diese Corporate Language in einem Dokument verbindlich fest.
- Erarbeiten Sie eine Liste von emotionalen Wörtern, die zu ihrem Produkt oder Dienstleistung passen. Nutzen Sie diese Wörter in Ihren Texten. Übertreiben Sie dabei nicht.
- Überprüfen Sie, welche Metaphern in Ihren Marketing- und Vertriebstexten auf ihre Framing-Wirkung benutzt werden. Streichen sie ungewollte Metaphern und nutzen Sie bewusst gewollte.

Literatur

AX Semantics (o.J.), https://www.ax-semantics.com/en/home-1-ecommerce.html, zuletzt zugegriffen am 07.05.2019

Conrad, A. u. a. (2009): The Berlin Affective Word List Reloaded (BAWL–R). In: Behaviour Research Methods. 41 (2), S. 534–538

Eicher, H. (2018): Die verblüffende Macht der Spache. Was Sie mit Worten auslösen oder verhindern und was Ihr Sprachverhalten verrät. Springer: Wiesbaden (2. Auflage)

Kahneman, D. (2012): Schnelles Denken, langsames Denken. München: Siedler (25. Auflage)

Lakoff, George (2014): The All New Don't Think of an Elephant: Know Your Values and Frame the Debate. Chalsea: Chalsea Green Publishing

Lakoff, Georg (2017): Leben in Metaphern. Konstruktion und Gebrauch von Sprachbildern. Heidelberg: Carl Auer Verlag

Obama, B (2008). Das ist euer Sieg. https://www.spiegel.de/politik/ausland/obamas-rede-im-wortlaut-das-ist-euer-aller-sieg-a-588507.html. zuletzt zugegriffen am 06.05.2019

Pennebaker, J. (2013):The Secret Life of Pronouns. What Our Words Say About Us. New York: Bloomsbury

Reins, A. (2006): Corporate Language. Mainz: Verlag Herman Schmidt

Reiter, M. (2010): Klardeutsch. Neuro-Rhetorik nicht nur für Manager. München: Hanser (2. Auflage)

Schramm, S. & Wüstenhagen, C. (2015): Das Alphabet des Denkens. Wie Sprache unsere Gedanken und Gefühle prägt. Reinbek: Rowohlt

Wehling, Elisabeth (2018): Politisches Framing: Wie eine Nation sich ihr Denken einredet – und daraus Politik macht. Berlin: Ullstein

3
Erfolgreiche Online-Texte

Inhaltsverzeichnis

3.1 Sieben Regeln für webgerechtes Texten 110
3.2 Texten für Suchmaschinen 115
3.3 Schreiben für Social Media 121
Literatur 125

> **Die drei Kernbotschaften dieses Kapitels sind:**
>
> - Online-Inhalte müssen für das Smartphone optimiert werden. Sie müssen daher sehr gut strukturiert sein.
> - Menschen lesen digital oft oberflächlich. Inhalte müssen daher so aufbereitet werden, dass man sie gut scannen kann.
> - Online-Texte müssen für Suchmaschinen aufbereitet werden. Das bedeutet vor allem: Sie müssen die relevanten Suchbegriffe enthalten.

Das Lesen am Computer und auf Smartphones hat diese Kulturtechnik verändert. Wissenschaftliche Untersuchungen zeigen eindeutig, dass Menschen heute in der Regel oberflächlicher lesen. Das sogenannte tiefe Lesen bereitet hingegen vielen Leuten, vor allem jüngeren, Schwierigkeiten.

Damit bezeichnet man die Fähigkeit, längere zusammenhängende Texte so zu lesen, dass die Inhalte verstanden werden.

In einem Appell haben sich Anfang 2019 rund 130 führende Forscher, die sich vorwiegend aus neurowissenschaftlicher Sicht mit der Entwicklung des Lesens befassen, an die Öffentlichkeit gewandt (E-Read 2019). Sie fordern von Bildungsverantwortlichen und Medien, das tiefe Lesen besser zu fördern.

Als Autor von Marketingtexten hingegen müssen Sie mit den vorhandenen Lesefähigkeiten und Lesestrategien Ihrer Kunden zurechtkommen. Mehr noch: Sie müssen sie berücksichtigen. Daher ist es für Sie wichtig zu wissen, wie es um das Lesen in der Bevölkerung bestellt ist. Die Lesewissenschaftler fassen in ihrem Appell den derzeitigen Forschungsstand wie folgt zusammen:[1]

- Digitale Texte bieten ausgezeichnete Gelegenheiten, um Texte auf die individuellen Bedürfnisse und Vorlieben zuzuschneiden. Es lassen sich Vorteile für das Verständnis und die Lesemotivation nachweisen, wenn die Inhalte gut für das digitale Umfeld aufbereitet wurden und dabei die Leserinteressen berücksichtigt wurden.
- Digitale Textgestaltung stellt neue Herausforderungen. Leser neigen bei digitalen Texten stärker als bei Printtexten dazu, ihr Leseverständnis zu überschätzen. Das gilt besonders unter Zeitdruck, der zu oberflächlichem Lesen („skimming") und geringerer Konzentration führt.
- Eine Metastudie aus 54 Einzeluntersuchungen mit mehr als 170.000 Probanden hat ergeben, dass längere Informationstexte besser verstanden werden, wenn sie auf Papier statt auf einem Bildschirm präsentiert werden – besonders wenn die Leser unter Zeitdruck standen. Bei erzählenden Texten ergaben sich keine Unterschiede.
- Die Unterlegenheit von Bildschirmtexten hat sich mit der Zeit sogar verschärft, unabhängig vom Alter oder der digitalen Erfahrung der Leser. Das widerspricht den Erwartungen an die besseren digitalen Fähigkeiten einer Generation von „digitalen Eingeborenen".

---

[1] Übersetzung von mir. Hier der Text des Appells zum Download: http://ereadcost.eu/wp-content/uploads/2019/01/StavangerDeclaration.pdf

- Unsere „embodied cognition" (dieser Fachbegriff beschreibt, wie und was wir lernen, wissen und wie wir handeln abhängig von den Möglichkeiten unseres Körpers) könnte zu den Unterschieden beim Lesen von Bildschirmen oder Papier beitragen. Das betrifft vor allem das Textverständnis und die Gedächtnisleistung. Dieser Faktor wird noch immer von Lesern, Lehrern und sogar Wissenschaftlern unterschätzt.

Wissenschaftler gehen von drei verschiedenen Arten des Lesens aus, die (erfahrene) Leser anwenden können:

- **Tiefes Lesen.** Damit wird ein konzentriertes, eher langsames Lesen bezeichnet, bei dem der Textinhalt vollständig erfasst und umfangreich verarbeitet wird. Nuancen im Ausdruck werden erkannt; komplexere Zusammenhängen werden (weitgehend) verstanden, soweit die sonstigen Voraussetzungen zum Textverständnis gegeben sind. Die Lesegeschwindigkeit beträgt zwischen 250 und 350 Wörtern in der Minute. Leser nutzen tiefes Lesen (sofern sie dazu fähig sind) vorwiegend für anspruchsvolle Fachtexte und anspruchsvolle Belletristik in Printform. Es geht ihnen darum, Zusammenhänge zu erfassen.
- **Scannen.** Viele Texte im Alltag, vor allem online, werden nur gescannt. Dabei handelt es sich um ein oberflächliches Lesen. Die Leser reagieren auf Schlüsselbegriffe, nutzen Überschriften und andere strukturierende Elemente zur Orientierung. Ziel ist es, schnell zu einer gesuchten Information zu gelangen. Passagen von besonderem Interesse werden langsamer und aufmerksamer gelesen, der Rest nur überflogen. Die Lesegeschwindigkeit beträgt bis zu 600 Wörter in der Minute.
- **„Skimming".** Dabei handelt es sich um ein orientierendes Lesen. Die Leser wollen sich einen Eindruck vom Inhalt des Texts machen und konzentrieren sich auf wenige strukturierende Elemente wie Überschriften, Grafiken und Fettschreibung. Dabei leitet sie die Frage: Lohnt es sich, in diesen Text intensiver einzusteigen? Die Lesegeschwindigkeit steigt auf bis zu 1000 Wörter in der Minute. Inhalte werden dabei nicht mehr erfasst. Diese Lesestrategie wenden Menschen im Internet häufig an, vor allem bei der Suche.

Die Kernbotschaft dieser Zusammenfassungen des aktuellen Stands der wissenschaftlichen Diskussion für Autorinnen von Marketingtexten lautet schlicht:

> Schreiben Sie Ihre Texte so, dass die Kernbotschaften schnell und leicht erfasst werden können.

Vom Desktop zum Smartphone

Bis vor einigen Jahren bedeutete Schreiben für Online vor allem: Schreiben für einen Computerbildschirm. Der Usability-Berater Jakob Nielsen arbeitet viel mit Blickverlaufstests. Dabei tragen die Probanden bestimmte Brillen, die ihre Augenbewegungen aufzeichnen. Neuere Technologien werden sogar hinter den Bildschirmen angebracht. Daraus ergeben sich sogenannte Heatmaps, die aufzeigen, welche Stellen auf einer Internetseite besonders intensiv angeschaut und welche wenig oder gar nicht wahrgenommen werden. Bei längeren Texten auf größeren Bildschirmen beobachtet Nielsen ein F-Muster (F-Pattern) des Blickverlaufs. Es gilt vor allem, wenn sich Leserinnen einen Überblick verschaffen und Informationen schnell aufnehmen wollen. Die Nutzerinnen lesen die Überschrift und die ersten drei bis vier Zeilen des Beitrags. Dann springt der Blick zum nächsten Absatz, in dem erneut zwei bis drei Zeilen gelesen werden. Die nächsten Absätze lesen die Nutzer nur an, das heißt, der Blick springt nach den ersten fünf bis acht Worten weiter (Abb. 3.1).

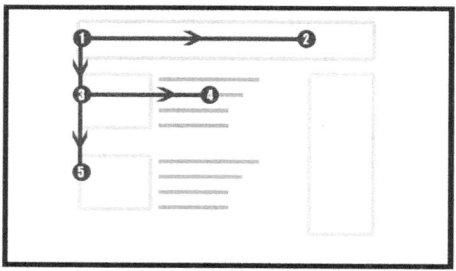

Abb. 3.1 Das F-Muster beim Online-Lesen

Jüngere Untersuchungen von Jakob Nielsen zeigen, dass das F-Muster weiterhin relevant ist.

Erst wenn ein Nutzer erkannt hat, dass eine Passage oder ein Text für ihn von größerem Interesse ist, verstetigt sich das Lesemuster und die Absätze werden vollständiger erfasst. Ein guter, User-relevanter Text im Internet sähe daher am besten wie ein Schichtkuchen aus (Nielsen spricht vom „layer-cake pattern").

Heute werden je nach Altersgruppe bis zu 80 % und mehr der digitalen Inhalte auf dem Smartphone gelesen. Marketingtexte sollten deshalb nicht mehr für den großen Computerbildschirm optimiert werden, sondern für die Lektüre auf einem Smartphone. Untersuchungen zeigen, dass es bei einfach geschriebenen, gut aufbereiteten Beiträgen keine Unterschiede im Verständnis zwischen Smartphone- und Computerbildschirm gibt. Schwierige Beiträge hingegen sind auf dem Smartphone schwieriger zu lesen.

> Optimal verständlich sind Online-Texte, die sich am sprachlichen Verständnisniveau von 13- bis 14-Jährigen orientieren.

Dazu dienen die Regeln verständlichen Schreibens, die ich in den ersten Kapiteln dieses Buchs dargelegt habe.

Die Nutzer lesen Texte auf dem Smartphone zudem in anderen Situationen, als sie es mit Texten auf Computerbildschirmen tun. Smartphone-Nutzer sind oft abgelenkt und haben nur kurze Momente der Aufmerksamkeit. Im schlimmsten Fall überqueren sie gerade eine Straße, während sie auf dem Smartphone lesen oder sie stehen an der Ampel und gucken kurz auf ihr Telefon. Bedenken Sie also, dass Sie mit ihren Inhalten beständig um die Aufmerksamkeit der Nutzer kämpfen und sich ihrer niemals sicher sein können.

> Stellen Sie sich beim Schreiben Ihrer Online-Texte vor, ihre Leserin befinde sich in einer U-Bahn zwischen zwei, drei Haltestellen (zum Beispiel von Frankfurt-Hauptbahnhof bis Konstabler Wache). Dabei schaut sie immer wieder auf, damit sie das Aussteigen nicht verpasst und wird permanent durch andere ein- und aussteigende Passagiere abgelenkt.

Die Hypertextstruktur im Internet
Printtexte werden linear gelesen. Das heißt: Alle Informationen müssen an jener Stelle zu finden sein, in der sich der Leser im Text befindet. Sie bemerken das an diesem Buch. Falls Sie es auf Papier und nicht in elektronischer Form lesen, müssen Sie bei Verweisen zurückblättern. Deshalb tue ich als Autor gut daran, die relevanten Informationen zusammenzuhalten und im Zweifel einen Hinweis oder eine Definition zu wiederholen.

Internettexte hingegen sehen wie Spinnennetze aus. Das Internet heißt nicht umsonst so: das Netz. Statt einen Inhalt an verschiedenen Stellen zu wiederholen, können Sie ihn einfach verlinken. Dort kann dann die Nutzerin vertiefte Informationen finden – und gegebenenfalls über neue Links noch tiefer in die Materie eindringen. Das bedeutet aber: Jeder Leser baut sich seine eigene Textstruktur. Internettexte sind nicht mehr linear, sondern folgen der Hypertextstruktur.

Dieser Aufbau eines Hypertexts und seine Möglichkeiten werden noch viel zu oft außer Acht gelassen. Das hat zwei Gründe: Erstens werden in vielen Unternehmen Internettexte wörtlich aus Printmedien, zum Beispiel Katalogen, übernommen. Zweitens denken die Mitarbeiterinnen dort, wo dies nicht geschieht, dennoch viel zu oft in linearen Textformen.

Für Sie als Autorin heißt das: Ihr Inhalt muss baukastenförmig aufgebaut sein. Die einzelnen Teile sollten sich in unterschiedlichem Aufbau zusammenfügen lassen. Am besten, Sie planen Ihren Text von Anfang an auf diese Weise. Eine Visualisierung der Textstruktur kann dabei helfen.

> Längere Erklärungen sollten verlinkt werden, zum Beispiel zu einem Glossar. Für kurze Erläuterungen können Sie ein Mouse-Over nutzen. So wird ein Pop-up-Fenster bezeichnet, das sich öffnet, sobald der Nutzer mit der Maus darauf zeigt.

3.1 Sieben Regeln für webgerechtes Texten

Diese sieben Regeln helfen Ihnen, webgerechte Texte zu verfassen:

1. Strukturieren Sie die Internetseite. Die Leserin muss sofort erkennen können, ob die Inhalte für sie relevant sind. Bilder, Grafiken,

Überschriften, Links, eingebaute Videos und Audios, gefettete Wörter – alles sollte der Leserin ohne langes Überlegen deutlich machen, worum es bei Ihrem Inhalt geht. Dabei helfen Ihnen Aufzählungen. Dazu eignen sich entweder Aufzählungszeichen (-) oder Aufzählungspunkte (•). Eyetracking-Studien haben gezeigt, dass solche Aufzählungen die Aufmerksamkeit der Nutzer auf sich ziehen. Achtung: Das bedeutet, dass Sie nur wichtige Inhalte so gestalten sollten. Weniger wichtige Aufzählungen sollten Sie als Fließtext unterbringen.

2. Arbeiten Sie mit aussagekräftigen Überschriften. Ihre Überschriften sollten zentrale Begriffe enthalten, nach denen die Kunden suchen. Dadurch erhält sie sofort die Bestätigung, auf der richtigen Seite gelandet zu sein. Zwischenüberschriften helfen beim Gliedern der Texte und verschaffen zusätzliche Orientierung.
3. Bauen Sie Ihren Text nach dem Prinzip der umgekehrten Informationspyramide auf. Das bedeutet: Das Wichtigste kommt zuerst. Das Thema und die zentrale Botschaft, der Küchenzuruf (siehe Abschn. 1.3), sollten nach dem ersten Absatz klar sein. Denken Sie dabei an das F-Muster.
4. Nutzen Sie Zusammenfassungen am Anfang (oder, weniger günstig, am Ende) des Texts. Hier fassen Sie in drei Sätzen die wesentlichen Erkenntnisse ihres Texts zusammen. Ein Beispiel eines Beitrags von der Internetseite sueddeutsche.de zeigt, was damit gemeint ist (Abb. 3.2):

- Eine Frau hat ihren Ex-Mann verklagt, weil er ihr nach der Trennung den Zugang zu ihrem gemeinsamen Hund verwehrt.

- Das Paar hatte den Hund vor der Eheschließung gekauft, der Mann ist als Eigentümer des Hundes eingetragen.

- Das Oberlandesgericht Stuttgart hat die Klage der Frau nun abgewiesen.

Abb. 3.2 Das Nachrichtenportal sueddeutsche.de fasst am Anfang eines Beitrags den Inhalt in drei Punkten zusammen

5. Machen Sie Absätze. Online-Texte sollten viel mehr Absätze haben als Printtexte. Als Faustregel gilt: Nach zwei bis drei Sätzen folgt ein Absatz. Natürlich werden Sie die Absätze nicht willkürlich setzen. Aber wenn Sie nach sieben oder acht Sätzen noch immer keinen Absatz setzen, haben Sie etwas falsch gemacht. Eine so renommierte Seite wie die der BBC setzt sogar nach jedem Satz einen Absatz. Das scheint mir ein wenig zu viel, ist aber immer noch besser als zu wenige Absätze.
6. Fetten Sie wichtige Wörter. Fettungen helfen den Leserinnen, die einen Text nur scannen oder skimmen. Daher sollten Sie sorgfältig überlegen, welche Wörter zentral für den Inhalt Ihres Beitrags sind. Fetten Sie nicht zu viele Wörter. Pro Absatz maximal eines. Die Wörter sollten für sich einen Sinn ergeben, also keine Hilfsverben oder nur Adjektive sein. Beispiele: „Sie sollten Ihren Text **nicht** ausdrucken!" oder „Viele Kunden haben sich für die **größere** Version entschieden" sind ungünstig, denn dem Leser fallen nur „nicht" und „größere" ins Auge. Besser sind: „Sie sollten Ihren Text **nicht ausdrucken!**" und „Viele Kunden haben sich für die **größere Version** entschieden".
7. Bemühen Sie sich, die zentralen Begriffe, die Keywords, jeweils an den Anfang eines Absatzes zu stellen. Damit erleichtern Sie es jenen Leserinnen, die nach dem F-Muster nur noch den Anfang eines Absatzes anlesen, um zu entscheiden, ob sich die Lektüre lohnt. Meistens werden Sie so zudem gezwungen, Ihren Inhalt schneller auf den Punkt zu bringen und die Sätze prägnanter zu halten.

> Ihre Texte müssen für potenzielle Kunden relevant sein. Texte, die nicht sofort erkennbar deren Informationsinteresse treffen, werden innerhalb von drei Sekunden weggeklickt (oder weggewischt).

Versetzen Sie sich deshalb in die Situation einer Kundin oder eines Kunden. Was interessiert diese Person? Viele Unternehmen schreiben Marketingtexte, in denen herausgestellt wird, wie toll ihr Produkt oder ihre Dienstleistung ist. Das ist aber nicht die erste Frage, die sich eine Kundin stellt. Vielmehr geht es ihr darum: Erfüllt das Produkt oder die Dienstleistung meine Bedürfnisse? Löst es mein Problem? Beantwortet der Marketingtext meine Fragen an das Produkt oder die Dienstleistung?

> Marketing-Phrasen, also inhaltsleere Texte, die nur schön klingen sollen, ohne konkrete Angaben zu machen, haben im Internet keine Chance auf Aufmerksamkeit.

Internetnutzerinnen sehen sich unter einem enormen Zeitdruck. Alles, was ihre Zeit raubt, ohne den versprochenen Nutzen zu bringen, verführt dazu, sein Glück mit zwei, drei Klicks woanders zu versuchen.

Der Möbelversand home24 hat zum Beispiel auf seiner Internetseite zum Thema Büromöbel einen ausführlichen Text, der vermutlich vorwiegend auf die Optimierung bei Suchmaschinen ausgerichtet ist. Dennoch ist es gelungen, dem Leser darin einige nützliche und relevante Informationen zu vermitteln (zugegeben: für andere Leser mögen die Aussagen eher banal klingen – es handelt sich aber definitiv nicht um inhaltsleere Marketing-Poesie wie beim Yummie-Veggie-Text aus Abschn. 2.1):

> An den Schreibtisch gehört ein Bürostuhl, egal, ob das ein einfacher Drehstuhl oder ein luxuriös ausgestatteter Chefsessel ist. Dieser Bürostuhl sollte so gebaut sein, dass Du auch über mehrere Stunden komfortabel auf ihm sitzen kannst. Ideal dafür sind ergonomische Bürostühle, die sich Deinem Körper anpassen und dadurch Deinen Rücken schonen. Die Stühle sind zudem größtenteils Bürodrehstühle, die sich um 360 Grad drehen lassen. Außerdem sind die Bürostühle für eine optimale Arbeitshöhe höhenverstellbar. Für zusätzlichen Sitzkomfort sind die meisten Chefsessel und Drehstühle mit einer üppigen Polsterung und Armlehnen ausgestattet. Da an den Stühlen in der Regel Rollen befestigt sind, kannst Du sie flexibel im Raum bewegen.

Beim Online-Versender Otto finden sich Texte, die optimal für das Lesen am Bildschirm oder auf dem Smartphone aufbereitet worden sind. Auch diese Texte richtigen sich in ersten Linie an die Suchmaschine (siehe dazu das folgende Kapitel). Da aber Google guten und gut aufbereiteten Content honoriert, erfüllen sie alle Kriterien, die ich in den „Sieben Regeln für webgerechtes Schreiben" aufgestellt habe. Das sieht am an folgendem Beispiel zum Thema Trainingshosen (Abb. 3.3):

Kaufberatung Trainingshosen

Komfort und Funktionalität vereint in angesagten Designs

Sie kommen nach einem langen Arbeitstag nach Hause und freuen sich darauf, Ihren Anzug oder Ihre Jeans abzulegen und in gemütliche Kleidung zu schlüpfen. Eine **Trainingshose** sitzt bequem und passt sich flexibel Ihren Bewegungen an. Genießen Sie den hohen Tragekomfort der Hosen beim Sport, unterwegs oder zu Hause. Dank leichter und anschmiegsamer Stoffe sowie sportlicher Schnitte wird eine Trainingshose schnell zu Ihrem Lieblingskleidungsstück. Lesen Sie hier, was eine Trainingshose auszeichnet, welche verschiedenen Varianten es gibt und welche Variante sich für welche Sportart eignet.

Inhaltsverzeichnis

› Trainingshosen: bequem, flexibel und voll im Trend
› Eine Hose – viele Varianten
› Die richtige Wahl: welche Trainingshose für welche Sportart?
› So pflegen Sie Ihre Trainingshose
› Fazit: Bequeme Allrounder für Sport und Alltag

Trainingshosen: bequem, flexibel und voll im Trend

Trainingshosen gehören zur Standardausrüstung eines jeden Sportlers. Sie halten die Muskeln während des Warm-ups und in Pausen warm, lassen sich schnell über die Sporthose ziehen und ergeben zusammen mit der passenden Trainingsjacke ein stimmiges und funktionales Sportoutfit. Die leichten und flexiblen Stoffe sowie die sportlichen Schnitte sorgen für einen **hohen Tragekomfort und einen bequemen Sitz**.

Die atmungsaktiven Materialien, aus denen die meisten Trainingshosen gemacht sind, **schaffen ein angenehmes Körperklima** und verhindern, dass Sie weder übermäßig schwitzen noch auskühlen. Da Trainingshosen in den verschiedensten Sportarten zum Einsatz kommen, sind sie in unterschiedlichen Ausführungen erhältlich, die in der Länge sowie bei Schnitt und Material variieren.

Nicht nur bei sportlichen Angelegenheiten machen Sie in einer Trainingshose eine gute Figur. Athletisch-lässige Mode hält immer mehr Einzug in die Alltagsgarderobe, weshalb die Trainingshose mittlerweile als begehrtes Trendstück für einen entspannten Freizeit-Look gehandelt wird. Trainingshosen **vereinen Komfort und Funktionalität** mit angesagten Designs und eignen sich daher sowohl fürs Reisen als auch für einen Einkaufsbummel oder für gemütliche Abende auf dem Sofa oder Couche.

Abb. 3.3 Otto.de liefert seinen Nutzern einen perfekt gegliederten Internettext mit Überschriften, Zwischenüberschriften, Aufzählungen, Absätzen und Fettschreibung

Der Text verfügt über eine sachliche Überschrift „Kaufberatung Trainingshosen", darunter eine werblichere Überschrift „Komfort und Funktionalität vereint in angesagten Designs". Der Teaser führt in das Thema Trainingshose ein. Dann folgt eine Aufzählung mit Sprunglinks, für User, die schnell zu einem bestimmten Unterthema gelangen wollen, etwa „Die richtige Wahl: welche Trainingshose für welche Sportart?" oder „So pflegen Sie Ihre Trainingshose".

Zwischenüberschriften gliedern den Text und verweisen auf Unteraspekte des Themas. Die Absätze sind noch einigermaßen kurz, könnten aber gerne noch knapper sein. Einzelne Wörter oder Wortgruppen sind gefettet. Achtet man nur auf diese gefetteten Wörter, kann man sich in Sekundenschnelle einen Überblick über den Inhalt des Texts verschaffen: „Trainingshose", „hohen Tragekomfort und bequemen Sitz", „schaffen ein angenehmes Körperklima".

3.2 Texten für Suchmaschinen

Nicht selten werde ich von Unternehmen angefragt, die um ein Seminar „Schreiben für Suchmaschinen" bitten. Das ist keine glückliche Formulierung. Auch in den Zeiten von künstlicher Intelligenz sollten sich Internettexte noch immer vornehmlich an menschliche Leser richten. Vielleicht kommen wir eines Tages dahin, dass Algorithmen Texte schreiben, die von algorithmusgesteuerter künstlicher Intelligenz ausgewertet werden. Aber vorerst sind wir noch nicht so weit.

Das bedeutet: Inhalte im Internet sollten für Menschen interessant, nützlich und relevant sein. Dieses Kriterium legen auch die Suchmaschinenbetreiber an. Wobei nur ein Betreiber wirklich relevant ist: Google. Der Marktanteil dieser Suchmaschine liegt in Deutschland bei über 95 %. Microsofts Bing kommt auf 2,5 %. Der Rest ist unbedeutend, obwohl darunter Suchmaschinen sind, die im Gegensatz zu Google keine persönlichen Daten erheben. Sie wären unter dem Gesichtspunkt der Privatsphäre viel besser, können sich jedoch nicht durchsetzen.

Google mag gesellschaftlich, politisch und geschäftsmäßig vieles, auch weniger Wünschenswertes, anstreben. Als Mittel dazu dient ihnen jedoch, jenen Content aus dem unüberschaubaren Angebot des Internets herauszufiltern, der für den einzelnen User relevant ist.

Wer bei Google nicht unter den ersten zwei bis drei Suchergebnissen auftaucht, hat nur eine geringe Chance, wahrgenommen zu werden.

Deswegen müssen Texte so geschrieben werden, dass der menschliche Google-Nutzer sie auf Anhieb findet.

Technische Kriterien der Suchmaschinenoptimierung
Damit befasst sich die Suchmaschinenoptimierung (SEO). Einige SEO-Kriterien beziehen sich nicht direkt auf die Art und Weise, wie der Text verfasst ist. Ich fasse diese Ranking-Faktoren deshalb hier nur in einem knappen Überblick zusammen.

- Popularität der Seite. Leider ist Google ungerecht. Inhalte auf populären Seiten haben eine bessere Chance, bei Google eine gutes Ranking zu bekommen, als weniger beachtete. Sie werden dadurch folgerichtig noch populärer.
- Ladezeiten. Je schneller eine Seite lädt, desto besser.
- Responsives Design. Die Seite sollte sich den Anforderungen des Endgeräts anpassen. Inzwischen bevorzugt Google Seiten, die für das Smartphone optimiert sind.
- Domain-Name. Je genauer der Domain-Name den Suchbegriff trifft, desto besser (www.trainingshosen.de wäre also ideal, wenn Sie Trainingshosen zu verkaufen haben. Die Seite gibt es wirklich und verweist auf einen Amazon-Händler. Die Behauptung „Wir lieben Trainingshosen! Aus diesen simplen Grund haben wir diese Seite für dich erstellt" klingt nicht wahrhaft überzeugend.).
- Strukturierte Daten. Google bevorzugt für die Präsentation an bestimmten Stellen auf der Ergebnisseite strukturierte Daten. Dabei handelt es sich um im HTML-Code besonders gekennzeichnete Informationen. Das ist in der Regel eine Aufgabe für die Programmierer und das Content-Management-System.
- Verschlüsselung. Google bevorzugt Seiten mit einer SSL-Verschlüsselung.
- Usability. Google berücksichtigt die Bedienfreundlichkeit der Seiten.

Die genauen Kriterien des Algorithmus von Google sind geheim. Die SEO-Tipps basieren daher auf einigen Hinweisen von Google sowie auf Ausprobieren durch zahlreiche SEO-Beratungsunternehmen.

Keywords finden

Für Autorinnen und Autoren von Marketingtexten sind natürlich jene Kriterien entscheidend, die sie selbst beim Schreiben berücksichtigen können. Dazu müssen Sie zunächst die Keywords feststellen, indem Sie eine Keyword-Recherche betreiben. Tools wie der Google Keyword Planer helfen dabei. Er ist eigentlich dafür gedacht, Google-Anzeigen zu planen. Daher benötigt man ein Google-Konto, um ihn nutzen zu können. Er liefert aber nützliche Informationen. Ein Beispiel: Die

Formulierung „Texten fürs Web" schneidet besser ab als „Texten fürs Internet" oder „Schreiben fürs Internet". Es gibt weitere Keyword-Tools von anderen Anbietern. Einige bieten eine kostenlose Basis- oder Probeversion im Internet an.

> Sie können die Autofill-Funktion von Google benutzen, um festzustellen, welche weiteren Keywords zusammen mit einem von ihnen bestimmten Keyword häufig gesucht werden. Sollte ihr Content durch dieses Keyword ebenfalls abgedeckt werden, sollten Sie es in den Text einbauen.

Oft reicht es, wenn die Texter (gemeinsam) darüber nachdenken, welche Keywords die Nutzer für den angebotenen Inhalt benutzen würden. Achtung: Denken Sie aus der Perspektive der Nutzer, nicht aus der des Marketings. Es geht darum, mit welchen Begriffen die User ein Produkt oder eine Dienstleistung wirklich suchen – nicht darum, wie ein Unternehmen gern hätte, das es gesucht würde.

> Optimieren Sie auf nicht mehr als zwei bis drei Keywords. Sie sollten den Inhalt so präzise wie möglich beschreiben. Ein Keyword ist oft zu wenig, weil es den Inhalt oft nicht hinreichend genau benennt.

Auf ein Allerweltswort wie „Urlaub" zu optimieren ist unsinnig. Selbst ein Keyword wie „Griechenland-Urlaub" bringt nichts, wenn Sie nicht gerade für TUI oder Thomas Cook arbeiten. Ein Test hat in meinem Fall auf Platz Nummer eins ein Vergleichsportal ergeben.

Mehr Chancen hätte schon „Wanderurlaub Griechenland". Hier kam ich auf das Angebot von Wikinger-Reisen, also einem mittelgroßen Reiseanbieter.

Noch besser wäre „Wanderurlaub auf Korfu", wenn das Ihrem Portfolio entspricht. Und siehe da: Eine pfiffige Reiseanbieterin mit der kleinen Firma „Summertime. Wandern auf Korfu" hat sich eine Domain mit diesem Namen gesichert (https://wandernaufkorfu.de/) und taucht bei Google ganz oben auf.

Relevanz des Inhalts

Der Algorithmus von Google ist inzwischen so gut, dass er mit einiger Zuverlässigkeit die inhaltliche Relevanz eines Contents erkennen kann. Das betrifft zum einen den Nutzwert für die User. Hat der Content einen echten Nutzen, das heißt, informiert oder unterhält er? Zum anderen berücksichtigt Google, wie ein Text geschrieben ist. Untersuchungen belegen, dass gut und verständlich geschriebene Texte, gemessen an den Vorgaben der Verständlichkeitsmodelle, besser gerankt werden.

Widerstehen Sie also der Versuchung, irgendwelche irrelevanten Texte nur aus Gründen der SEO auf Ihrer Seite zu platzieren – es schadet mehr als es nützt. Das gilt auch für nicht originären Content. Google bestraft es, wenn der gleiche Text auf vielen verschiedenen Seiten auftaucht. Nur geringfügige Änderungen reichen nicht aus, um einen Inhalt als originär zu werten. Sie müssten dafür den Text weitgehend umschreiben, eventuell neu strukturieren und ihn auf jeden Fall mit neuen Überschriften versehen.

Überschriften

Eines der wichtigsten Kriterien von Google ist, dass die Keywords im Meta-Title und in den Überschriften auftauchen – am besten möglichst weit vorn.

Der Meta-Title ist jene Überschrift, die die User auf der Google-Seite zu sehen bekommen. Ein Beispiel zeigt Abb. 3.4.

Der Meta-Title macht sofort klar, was die Nutzerin auf der Seite erwartet. Der Snippet-Text ergänzt diese Informationen. Überschriften auf den Seiten müssen natürlich HTML-programmiert sein, zum Beispiel als h1- oder h2-Überschrift. Sie müssen ein bis zwei Keywords enthalten, am

---

SEO 2019 - 10 goldene Regeln der Suchmaschinenoptimierung
https://www.more-fire.com/tipps/die-10-goldenen-regeln-der-seo/ ▾
SEO Grundlagen verstehen ✓ Rankings verbessern ✓ Mehr Besucher ✓ Mehr Umsatz! Praktische Tipps zur Suchmaschinenoptimierung für 2019 in 10 Schritten ...
Ladezeiten · Erreichbarkeit · Meta Descriptions · Überschriften

Abb. 3.4 So sieht ein Meta-Title aus

besten möglichst weit vorn in der Überschrift. Das gilt auch für Zwischenüberschriften.

Am besten ist es, wenn die Überschrift genau jener Formulierung entspricht, die eine Userin bei Google eingibt. Einem Redakteur beim SWR ist dies einmal gelungen. Seine Headline lautet: „Was ist der Unterschied zwischen Fichten und Tannen?". Genau diese Frage tippen vermutlich tausende von Schülern ein, wenn sie eine entsprechende Rechercheaufgabe im Biologieunterricht bekommen haben.

Keywords im Text
Nutzen Sie die definierten Keywords im Text – aber übertreiben Sie nicht. Die optimale Keyword-Dichte ist schwer zu bestimmen. In einem Text über DNA dürfte sie höher als in einem Text über Trainingshosen, weil es für den wissenschaftlichen Begriff DNA kaum Synonyme gibt und er von Google aus seinem Kontext heraus auch anders bewertet wird.

Die meisten Experten geben eine Keyword-Dichte von 3 bis 5 % als optimal an. Statt sich sklavisch daran zu halten, ist es vermutlich besser, einen flüssig geschriebenen Text anzustreben. In der Regel stellt sich die optimale Keyword-Dichte dann von selbst ein.

Aber Achtung: Mindestens einmal müssen die entsprechenden Suchbegriffe natürlich auftauchen, und zwar in der korrekten Rechtschreibung, weil Google inzwischen Rechtschreibfehler bestraft.

Verzichten Sie auch auf poetische Umschreibungen. Wenn Sie ein Hotel mit Swimmingpool anpreisen, schreiben Sie nicht „Herrlich für den Sprung ins kühle Nass". Hingegen sollte „Swimming Pool" und als Synonym „Schwimmbecken" in der Beschreibung vorkommen.

Sprechende Links
Links in ihrem Text sind gut und verbessern das Ranking, solange sie auf weitere relevante Netzinhalte verweisen. Da Sie aber vermutlich ohnehin nicht auf Gambling- oder Pornoseiten verlinken wollen, versteht sich das von selbst. Am meisten honoriert es Google, wenn Sie auf wirklich gute Inhalte auf hoch angesehenen Internetseiten verlinken. Aber auch relevante Links innerhalb Ihres eigenen Webauftritts haben einen Wert.

Wichtig: Es sollte sich um sprechende Links handeln. Das heißt, der Name des Links beschreibt aussagekräftig, wohin der User geleitet wird. Ungünstig wäre: www.klardeutsch.de/jjkur/?p=337/yxxrew.html. Besser ist: https://www.klardeutsch.de/uber-markus-reiter/. So wird der Leserin klar: Dieser Link führt auf die Seite „Über Markus Reiter", also auf meine Biografie auf meiner Internetseite www.klardeutsch.de. Im Text können Sie dem Link eine klare Beschreibung geben. Die meisten Content-Management-Systeme erlauben diese Funktion. Sie finden Sie sogar bei Word. Ein Beispiel: „Der Schreibtrainer Markus Reiter vermittelt seinen Seminaren Kenntnisse im webgerechten Schreiben".

Im Einzelfall müssen Sie entscheiden, ob die gewählten Begriffe aussagekräftig genug sind oder ergänzt werden sollten. So wäre es auch denkbar, etwas ausführlicher zu schreiben: „Der Schreibtrainer Markus Reiter (Biografie) vermittelt in seinen Seminaren „Texten fürs Web" Kenntnisse im webgerechten Schreiben". Bitte verlinken Sie aber keine ganzen Sätze oder Absätze, weil dadurch das Ziel des Links für den User wieder verschleiert wird.

Textlängen

Wie lang sollen Texte sein, um von Google möglichst gut eingestuft zu werden? Die korrekteste Antwort auf diese Frage ist vermutlich etwas unbefriedigend: So lang wie nötig, um relevant zu sein, aber nicht länger.

Konkreter heißt das: Ihr Text sollte ausreichend relevante Informationen enthalten. Dafür können bei einer Produktbeschreibung schon 400 Zeichen reichen. User, die etwas kaufen wollen, betreiben eine transaktionsorientierte Suche. Sie sind daher mit kürzeren Texten zufrieden, zumal relevante Informationen gut in Tabellen und Listen dargestellt werden können.

Nutzerinnen, die eine informationsorientierte Suche betreiben, benötigen ausführlichere Texte. Viele Experten raten zu einer Mindestlänge von 250 bis 300 Wörtern. Der oben zitierte Büromöbeltext von home24 ist fast 1200 Wörter lang. Diese Passage über optimale Textlängen für Google hat genau 143 Wörter oder 1000 Zeichen – und trotzdem ist darin fast alles gesagt, was es über dieses Thema zu sagen gibt.

Was macht laut Google hochwertige Inhalte aus?
Der damalige Chef der Suchalgorithmen bei Google, Amit Singhal, hat in einem Blogbeitrag einige Fragen zusammengetragen, die sich Inhalteanbieter stellen sollten, wenn sie ein möglichst hohes Ranking bei der Suchmaschine erreichen möchten. Hier eine Auswahl:

- Würden Sie selbst den Informationen in dem Beitrag trauen?
- Ist der Beitrag voll von Rechtschreibfehlern, fehlerhafter Grammatik und inhaltlichen Fehlern?
- Liest sich der Beitrag so, als ob er sich an einen ernsthaft interessierten Menschen richtet – oder eher, als ob er für die Suchmaschine geschrieben ist?
- Enthält der Beitrag eigenständige Informationen, selbst recherchiertes Material oder eine originelle Analyse?
- Lässt der Beitrag beide Seiten eines Konflikts zu Wort kommen?
- Würden Sie für diesen Beitrag ein Lesezeichen anlegen oder ihn in einem sozialen Netzwerk weiterempfehlen?
- Vermittelt der Beitrag Einsichten, die über das Offensichtliche hinausgehen?
- Würden Sie diesen Beitrag in einer Zeitschrift oder in einem Buch drucken?

3.3 Schreiben für Social Media

Die meisten Unternehmen sind inzwischen auf die eine oder andere Weise in den sozialen Medien unterwegs. Texte auf Facebook, Twitter und Instagram unterliegen zusätzlichen Regeln.

- Die Zielgruppe unterscheidet sich ganz oder teilweise von den üblichen Kommunikationsmedien eines Unternehmens. Das spiegelt sich in der Tonalität der Texte wider. Sie sind umgangssprachlicher. Viele Unternehmen duzen ihre Fans auf Facebook, während sie in der sonstigen Unternehmenskommunikation weiter siezen.

- Die Netzwerke unterscheiden sich untereinander in der angemessenen Tonalität. Instagram verlangt nach einem leichteren Ton als Twitter. Facebook-Texte müssen emotionaler sein als solche auf Xing.
- Jedes Netzwerk hat Besonderheiten. Ein Beispiel: Bei Twitter dient ein Hashtag dazu, eine laufende Diskussion zu kennzeichnen und dazu beizutragen. Außerdem kann der Hashtag-Begriff eine Aussage einordnen, manchmal sogar ironisieren. Bei Facebook ist ein Hashtag weitgehend überflüssig. Bei Instagram wird der Hashtag wie eine Verschlagwortung benutzt.
- Die Aktivitäten auf den sozialen Netzwerken erfordern ein ständiges Monitoring, weil Diskussionen aus dem Ruder laufen können. Zudem müssen die Verantwortlichen immer wieder prüfen, welche Posts eine hohe Interaktivität nach sich ziehen, welche versanden. Danach muss dann die Social-Media-Strategie angepasst werden.
- Die sozialen Netzwerke sind fast alle von Algorithmen bestimmt – aber nicht immer sortiert der Algorithmus nach den gleichen Kriterien. Der Facebook-Algorithmus bewertet Content nach etwas anderen Maßstäben als der Algorithmus von Instagram, selbst, wenn beide Netzwerke der gleichen Muttergesellschaft gehören.
- In den sozialen Netzwerken sind Sie ständig der Gefahr eines Shitstorms ausgesetzt. Eine unglückliche Formulierung, ein nicht genau bedachtes, falsches Wort – schon ist es passiert. Auch wenn ein Post noch so beiläufig und flapsig klingt, sollten Sie jedes Wort auf die Goldwaage legen.

> Grundsätzlich gilt: Versuchen Sie sich in den sozialen Netzwerken sprachlich auf Augenhöhe mit Ihrer Zielgruppe zu bewegen.

Biedern Sie sich aber nicht an. Eine 37-jährige Social-Media-Managerin kann nicht authentisch wie eine 14-jährige Schülerin klingen. Und ein 53-jähriger Texter wird durch „Hey, Alder ..." nicht glaubwürdiger. Die Zielgruppe besitzt ein gutes Gespür dafür, wer den richtigen Ton trifft.

Ein paar Grundregeln gibt es dennoch. Wenig geeignet für einen Facebook-Post ist ein kompliziertes und aufdringliches Marketing-Deutsch. So spricht ein Brillenhändler seine Facebook-Fans wie folgt an:

> Ob modische Verlaufstönung, nützliche polarisierende Gläser oder eine Verspiegelung, die praktisch und modisch zugleich ist: hier findet jeder Sonnenbrillenträger sein passendes Match.

Das Wort „Verlaufstönung" habe ich dreimal lesen müssen, um es zu verstehen. Was sind um Himmels willen „polarisierende Gläser" – muss ich das als Nichtoptiker wissen? Was darf ich mir unter einer „Verspiegelung, die praktisch und modisch zugleich ist" genau vorstellen? Mit einem solchen Post kann sich ein Brillenhändler jedenfalls keine Freunde machen.

> Einige Autorinnen und Autoren haben gute Erfahrung damit gemacht, ihre Social-Media-Posts zu sprechen statt zu schreiben. Erzählen Sie einfach, was Sie sagen wollen – so, wie Sie es ihrem besten Freund oder ihrer besten Freundin berichten würden. Nehmen Sie dieses Geplauder mit dem Smartphone auf. Tippen Sie es ab (oder lassen Sie eine App diese Arbeit für Sie verrichten). Redigieren Sie es milde, indem Sie es nur um sprachliche Fehler bereinigen. Das Ergebnis klingt meist natürlicher als ein Text, der bewusst in Schriftdeutsch verfasst wurde.

Sehr erfolgreich ist eine Social-Media-Aktivität, die mit Humor und Selbstironie arbeitet. Mustergültig macht das in Deutschland die Berliner Verkehrsgesellschaft (BVG), die mit ihrem Image (und ihrer Realität) der Unzuverlässigkeit unter dem Motto @weilwirdichlieben schamlos spielt. Zwei Beispiele geben Abb. 3.5 und 3.6.

> Posts bei sozialen Medien sollten möglichst oft gelikt, geteilt und kommentiert werden. Je häufiger dies geschieht, desto stärker berücksichtigt der Algorithmus den nächsten Post des Publishers.

Abb. 3.5 Facebook-Post der Berliner Verkehrsgesellschaft: die blaue U-Bahn

Abb. 3.6 Sprachwitz bei einem Facebook-Post der Berliner Verkehrsgesellschaft

Deshalb enden viele Posts mit einem Call-to-action. Jedoch gilt auch hier: Wer es übertreibt, fliegt raus.

> **Ihr Transfer in die Praxis**
>
> - Übernehmen Sie keinen Printtext ohne Aufbereitung für das Internet. Sie sollten mehr Absätze setzen und die Überschriften suchmaschinengerecht verfassen.
> - Definieren Sie für jeden Text im Internet zwei bis drei Suchbegriffe.
> - Nutzen Sie den großen Vorteil des Internets und bauen Sie nichtlineare Hypertexte mithilfe von Links.
> - Machen Sie sich locker für Social Media. Schreiben Sie Ihre Texte für Facebook und Instagram so, als ob Sie die Sache ihrem besten Freund oder ihrer besten Freundin erzählen.

Literatur

E-Read (2019). COST E-READ Stavanger Declaration Concerning the Future of Reading. http://ereadcost.eu/wp-content/uploads/2019/01/StavangerDeclaration.pdf. zuletzt zugegriffen am 06.05.2019

Pernice K. (2017). F-Shaped Pattern of Reading on the Web: Misunderstood, But Still Relevant (Even on Mobile). https://www.nngroup.com/articles/f-shaped-pattern-reading-web-content/, zuletzt zugegriffen am 06.05.2019

4

Texte, die verkaufen

Inhaltsverzeichnis
4.1 Die umgekehrte Informationspyramide 128
4.2 Der Call-to-Action 132
4.3 Sieben Regeln für gute Texte 134

> **Die drei Kernbotschaften dieses Kapitels sind:**
>
> Informierende Texte sollten dem Prinzip der umgekehrten Informationspyramide folgen, also das Wichtigste zuerst benennen.
> Überzeugende Marketingtexte enden mit einem Call-to-action, einer Aufforderung zum Handeln.
> Trigger-Wörter erhöhen die Aufmerksamkeit.

Texte im Marketing und im Vertrieb können drei Funktionen haben:

Informieren. Dieser Texttyp setzt auf die Kraft der Fakten und wird von vielen Kundinnen und Kunden bevorzugt. Die meisten Texte im Vertrieb verfolgen dieses Ziel.

Analysieren. In diesen Texten erklären und interpretieren Sie die Fakten – Sie werden das in der Regel in einem für sie vorteilhaften Sinn tun. Aber: Die Schlussfolgerungen bleiben den Lesern vorbehalten.

Überzeugen. Die Leserin soll sich am Ende für Ihr Produkt oder Ihre Dienstleistung entscheiden. Der Text enthält oft einen Call-to-action, also die Aufforderung, etwas zu tun, zum Beispiel anzurufen oder sofort zu bestellen.

4.1 Die umgekehrte Informationspyramide

In meinen Seminaren zeigen sich die Teilnehmer*innen oft überrascht, wenn ich ihnen die umgekehrte Nachrichtenpyramide vorstelle. Dieses Strukturprinzip für Texte widerspricht dem Aufbau von Texten, den man in der Schule und an der Universität vermittelt bekommt. Dabei ist das Grundprinzip sehr einfach: Das Wichtigste kommt zuerst (Abb. 4.1).

Am Anfang eines informierenden Texts werden die W-Fragen beantwortet:

- Wer?
- Was?
- Wann?
- Wo?
- Wie?
- Warum?
- Woher weiß ich das? Welche Quelle liegt der Information zugrunde?

Abb. 4.1 Die umgekehrte Informationspyramide

Nicht immer sind Antworten auf alle W-Fragen notwendig. Welche beantwortet werden müssen und welche Sie vernachlässigen können, entscheiden Sie im Einzelfall nach Wichtigkeit. Von der Wichtigkeit und den Neuigkeitsfaktoren hängt es auch ab, welche W-Fragen ganz am Anfang Ihres Texts beantwortet werden sollten. In der Regel handelt es sich um die Antworten für Was und Wer. Aber falls es um eine besondere Location geht, kann das Wo wichtiger sein oder ein neuer Termin wurde festgelegt, dann steht das Wann im Mittelpunkt.

Im ersten Absatz des Texts vermitteln Sie das Wichtigste. Weniger wichtige Informationen folgen danach. Hintergrund kommt ganz am Schluss. Dieser Textaufbau erlaubt dem Leser, jederzeit aus dem Text auszusteigen, ohne die Kernaussage zu verpassen.

Das Prinzip der umgekehrten Informationspyramide bietet sich auch für E-Mails an. Viele Autorinnen von E-Mails halten sich nicht daran – und wundern sich, dass die Empfänger entscheidende Informationen übersehen.

„Wahnsinn! Notre Dame brennt!"
Wir kommunizieren im Alltag oft nach dem Prinzip der umgekehrten Informationspyramide, wenn wir etwas Wichtiges und Drängendes zu vermelden haben. Als im Frühjahr 2019 die Kathedrale von Notre Dame brannte, gab es vermutlich wenige Menschen, die dieses Ereignis ihren Freunden in folgenden Worten mitgeteilt haben: „Im Jahre 1163 begannen gotische Baumeister auf der Île de France mit dem Bau einer Kathedrale, den sie im Jahre 1345 beendeten. Seitdem gab einige größere Renovierungsarbeiten, zuletzt im 19. Jahrhundert. Die Stadt Paris hatte für den Zeitraum von 2019 bis 2022 eine erneute Großrenovierung beschlossen. Im Zuge der Vorbereitungen zu dieser Renovierung kam es vor einer halben Stunde zu einem Großbrand, der den Dachstuhl des Gotteshauses bedroht. Die Löscharbeiten sind im Gange".

Seltsamerweise gibt es im Marketing und Vertrieb viele Texte, die genau so aufgebaut sind. Das gilt übrigens auch für Präsentationen: „Im Jahre 1857 gründete der Schlosser Friedrich Karl Kleckermann in Bimmelbach an der Klecker die Firma Kleckermann & Söhne. Schon drei Jahre später stieg sein Geselle Otto Eberhard Klacker als Kompagnon in den Betrieb ein. Dieser firmierte künftig als Kleckermann & Co." Nach einem langen Durchwandeln der Firmengeschichte folgt das aktuelle Produktportfolio von Kleckermann & Co – bevor der Text (oder die Präsentation) dann endlich zum Punkt kommen.

Vielmehr werden die meisten von Ihnen am 15. April 2019 eine ähnliche Nachricht erhalten haben, wie sie auf meinem WhatsApp-Kanal eingegangen ist: „Wahnsinn! Notre Dame brennt!"

Diese Kurzbotschaft macht einiges über das normale Kommunikationsverhalten deutlich, das auch für Marketingtexte von Bedeutung ist.

Die Botschaft ist kurz. Drei Wörter reichen aus. Ich habe sofort den Fernseher eingeschaltet, um mehr zu erfahren. Mein Hunger nach Informationen wuchs, während ich zusah, wie die Flammen aus dem Dachstuhl schlugen. Was macht die Feuerwehr jetzt? Warum brennt der Dachstuhl so leicht? Wie war noch die Baugeschichte von Notre Dame? Was sagen die Experten: Gibt es eine Chance, den Brand rechtzeitig zu löschen? Oder ist die Kathedrale dazu verdammt, bis auf die Grundmauern abzubrennen? Stück für Stück lieferten mir die Medien genau diese Informationen. Kein Mensch wäre auf die Idee gekommen, das alles erst in einer WhatsApp-Nachricht zusammenzutragen, bevor man mir die Brandnachricht überbringt.

Der Aufschrei „Wahnsinn!" weckt zusätzlich Aufmerksamkeit. Mir, dem Empfänger, wurde klar: Es folgt eine wichtige Mitteilung. Zugleich nimmt diese Äußerung die Emotion vorweg, die von mir erwartet wird. In der Tat war das meine erste Reaktion: Wahnsinn!

„Notre Dame brennt!" bringt den Küchenzuruf auf den Punkt. Der Verfasser setzt bei mir ein gewisses Weltwissen voraus. Er geht davon aus, dass ich weiß: Die wichtigste Kathedrale Frankreichs heißt Notre Dame de Paris und steht in Paris. Sie war meines Wissens nicht zum Abfackeln vorgesehen, also muss es sich entweder um einen Anschlag oder um ein Unglück handeln. Da die Möglichkeit eines Anschlags in Anbetracht der Umstände nicht ganz ausgeschlossen war, weckte die Knappheit der Nachricht in mir das Bedürfnis, mich näher zu informieren und weitere Details in Erfahrung zu bringen.

Stünde der Brihadishvara-Tempel in Thanjavur im indischen Bundesstaat Tamil Nadu in Flammen, müsste sich der Verfasser fragen: Könnte ich mit einer Botschaft „Wahnsinn! Der Brihadishvara brennt!"

irgendetwas anfangen? Und selbst wenn: Interessierte mich der Brand überhaupt? Ein Inder könnte darauf verweisen, dass das Gebäude einer der drei großen Tempel der Chola-Dynastie ist und zum UNECO-Weltkulturerbe zählt. Möglicherweise hat der Tempel für Inder eine ähnliche Bedeutung wie für Franzosen (und Europäer) Notre Dame. Da mir aber der Tempel bis zum Moment der Recherche für ein solches Beispiel völlig unbekannt war, müsste mir der Verfasser zusätzlich zur Brandnachricht die Relevanz des betroffenen Gebäudes deutlich machen.

Im Marketing und Vertrieb wird das oft vergessen: Die Verfasser tun oft so, als ob die Bedeutung irgendeines technischen Details oder einer Innovation für jedermann sofort ersichtlich wäre.

Es gibt im französischsprachigen Raum noch viele weitere, der Heiligen Jungfrau geweihte Kirchen, die Notre Dame heißen. Aber sofern uns nicht ein gemeinsames Erlebnis mit einer gleichnamigen Dorfkirche in der Bretagne verbindet, ist dem Verfasser und mir klar: Es geht um Notre Dame de Paris. Notre Dame ist also so etwas wie ein Fachbegriff, von dessen Verständnis der Verfasser aufgrund meines Bildungshintergrunds und meiner Reiseerfahrung zu Recht ausging.

Viele Autoren von Marketingtexten vergessen, sich die Frage zu stellen: Darf ich davon ausgehen, dass mein Leser mit den von mir verwendeten Begriffen irgendetwas verbindet? Und ist es das gleiche, was ich damit verbinde? Es hätte ja sein können, dass der Verfasser der WhatsApp-Nachricht und ich vor zwei Jahren in einem bretonischen Dorf ein Notre-Dame-Kirchlein entdeckt hätten und seitdem davon schwärmten. Dann wäre Notre Dame für uns eindeutig, während ein Außenstehender weiterhin an Paris denken würde.

Der Verfasser musste den Fachbegriff Notre Dame außerdem nicht übersetzen. Im Gegenteil, eine Nachricht der Art: „Wahnsinn! Unsere Liebe Frau in Paris brennt!" hätte mich eher verstört.

Auf Marketingtexte übertragen heißt das:

- Verschaffen Sie Ihrer Botschaft mit den ersten Worten Aufmerksamkeit. Dazu eignen sich Trigger-Wörter. Das sind Wörter, die sofort die Aufmerksamkeit auf sich ziehen. „Sonderangebot", „kostenlos", „Weltsensation" gehören dazu.
- Nutzen Sie Wörter, die die erwarteten Emotionen der Leserinnen ansprechen.

- Bringen Sie Ihre Botschaft rasch auf den Punkt. Ihr Küchenzuruf muss sich dabei in einem Satz, maximal zwei Sätzen formulieren lassen.
- Machen Sie dem Leser klar, warum Ihre Botschaft wichtig ist – und zwar für ihn, nicht für Sie. Sprechen Sie also die Probleme an, vor denen Ihr Kunde steht, und erläutern Sie ihm, wie Ihr Produkt oder Ihre Dienstleistung zur Lösung dieser Probleme beiträgt. Schwieriger wird es, wenn der Kunde noch nicht weiß, welches Probleme er hat oder haben wird. Dann müssen Sie im Text erst ein Problembewusstsein vermitteln.
- Lassen Sie Raum für Neugierde. Bringen Sie nur so viele Informationen, wie Ihr Leser im ersten Moment muss. Erschlagen Sie ihn nicht mit Details. Im Idealfall ist Ihr Küchenzuruf so interessant, dass der Leser von selbst nach weiteren Informationen verlangt. Halten Sie diese Informationen bereit.
- Berücksichtigen Sie, was Sie über die Kenntnisse und das Verständnis Ihrer Leser wissen.
- Prüfen Sie, ob Sie und Ihre Leser unter bestimmten Begriffen das Gleiche verstehen.
- Übersetzen Sie Fachbegriffe dann, wenn es nötig ist.

Trigger-Wörter: Diese Wörter machen Ihren Text und Ihre Überschrift interessanter
Angebot, beste[s], billig, einmalig, enthüllt, erstaunlich, exklusiv, Gefahr, geheim, Geheimnis, Gelegenheit, Geständnis, glaubwürdig, gratis, günstig, Katastrophe, kontrovers, kostenlos, magisch, nackt, neu, Rätsel, rätselhaft, Risiko, schockierend, Sensation, sensationell, Sex, Skandal, Sonderangebot, sparen, überraschend, unzensiert, verboten, verrät, vertraulich, Wahrheit, wichtig, Zensur, zugreifen

4.2 Der Call-to-Action

Teilnehmer*innen meiner Seminare aus dem Marketing empfehle ich gern, sich einmal eine halbe Stunde Zeit zu nehmen, um eine Sendung eines Verkaufssenders im Fernsehen anzuschauen. Dort finden sich die entscheidenden Tricks wieder, die auch für Marketingtexte von Bedeutung sind.

- Eine einfache und persönliche Sprache. Die Moderatorinnen sprechen (plappern) stets so, wie sich vermutlich die Zielgruppe ausdrückt. Also bei technischen Geräten mit vielen Technikfachbegriffen. Bei Kosmetik, Mode und Dekorationsartikeln mit vielen emotionalen Wörtern.
- Die Moderatoren versetzen sich sprachlich in die Lage der Zuschauerinnen. Oft tun sie das sogar wörtlich: „Dieses wunderschöne Kerzenset habe ich auch zu Hause. Und zwar in bordeauxrot, weil das so gut zu meinem Wohnzimmerteppich passt." Einen solchen Satz könnte, so die Erwartung, eine Zuschauerin genauso auch sagen.
- Die Sender schaffen eine Stresssituation, indem sie behaupten, nur noch wenige Exemplare des Produkts auf Lager zu haben. Dabei handelt es sich um eine (künstliche) Verknappung. Manchmal sieht der Zuschauer, wie im Sekundentakt die Anzahl der angeblich noch vorhandenen Bestände sich der Null nähert. Ähnliches machen Fluggesellschaften, Hotelvermittlungsseiten und viele andere. Das funktioniert auch zeitlich: „Dieser Rabatt gilt nur drei Tage!"
- Die Moderatorinnen fordern die Zuschauer ständig auf, jetzt sofort zu handeln. „Rufen Sie an!" „Entscheiden Sie sich gleich!" „Greifen Sie zu!". Man spricht vom Call-to-Action (CTA).

Der Call-to-Action ist vor allem im Internet entscheidend. Untersuchungen zeigen, dass die Nutzerinnen und Nutzer klar und direkt formulierten Aufforderungen oft nachkommen.

Je direkter ein CTA ist, desto besser. Schreiben Sie deshalb auf Ihrer Internetseite nicht: „Einfach klicken, um sich ein Starterpaket zu sichern", sondern: „Klicken Sie jetzt hier, um sich Ihr Starterpaket zu sichern!". Durch die Formulierung „Ihr Starterpaket" unterstützen Sie die Wirkung zusätzlich – das Paket gehört der Kundin quasi schon, sie muss es nur noch abrufen.

4.3 Sieben Regeln für gute Texte

Zum Schluss dieses Buchs hier noch einmal die wesentlichen Erkenntnisse in Kurzform.

1. Formulieren Sie einen Küchenzuruf
Jeder gute Text hat einen Küchenzuruf – genau einen. Überlegen Sie sich, welche Botschaft Ihr Leser aus Ihrem Text ziehen soll. Konzentrieren Sie sich auf diesen einen Küchenzuruf. Wenn Sie mehrere zentrale Botschaften haben, schreiben Sie mehrere Texte.

2. Gliedern Sie Ihren Text
Ein Text muss klar gegliedert sein. Die Gedanken sollten logisch aufeinander aufbauen, sodass der Leser sie gut mitdenken kann. Achten Sie auf einen roten Faden. Nutzen Sie Absätze, Zwischenüberschriften, Aufzählungen und Hervorhebungen (Fettung), um die Übersichtlichkeit Ihres Texts zu erhöhen.

3. Schreiben Sie schlank
Einfache und geläufige Wörter machen einen Text verständlicher. Überlegen Sie, welche Fachbegriffe Ihr Leser vermutlich versteht. Sind Sie im Zweifel, fügen Sie eine kurze Erläuterung ein. Gehen Sie mit dem Wortstaubsauger über den Text: Welche Füllwörter, Adjektive und Phrasen können Sie streichen? Ziehen Sie konkrete Wörter den abstrakten vor. Vermeiden Sie Nominalstil; bevorzugen Sie Verben. Prüfen Sie, ob Ihre Passivformulierungen notwendig sind. Achten Sie darauf, präzise zu schreiben: Passt das gewählte Wort – oder gibt es ein besseres?

4. Schreiben Sie anschaulich
Beispiele und Anekdoten helfen, schwierige Sachverhalte verständlich zu machen. Nutzen Sie Metaphern. Bedenken Sie, welche Assoziationen sie beim Leser damit wecken. Stilistische Mittel beleben einen Text. Dazu gehören Alliterationen, rhetorische Fragen, Anapher (Wiederholung des Satzanfangs), Chiasmen (Überkreuzung von Sätzen oder Satzteilen), Parallelismen (mehrere Satzteile nach dem gleichen Muster) und das Trikolon (Dreierfigur).

5. Bauen Sie überschaubare Sätze

Schreiben Sie ihre Sätze so, dass der Leser sie gut nachvollziehen kann. Vermeiden Sie eingeschobene Nebensätze und Attributivkonstruktionen (zum Beispiel: „die in dem Meeting gemachten Äußerungen"). Hauptaussagen gehören in einen Hauptsatz. In der Regel gilt: Nur ein Gedanke pro Satz!

6. Stellen Sie das Wichtigste an den Anfang

Bei informierenden Texten wollen die Leser schon in den ersten Sätzen die wichtigsten Fakten erfahren. Bauen Sie deshalb einen Text nach dem Prinzip der umgekehrten Nachrichtenpyramide auf. Falls das nicht geht: Stellen Sie eine Zusammenfassung („abstract") an den Anfang. Verzichten Sie auf einen Texteinstieg, in dem sie längst Bekanntes referieren. Überraschen Sie Ihren Leser stattdessen: mit einer verblüffenden Erkenntnis, einer Szene, einer witzigen Formulierung oder einer kurzen Anekdote.

7. Redigieren Sie Ihren Text, bevor Sie ihn abgeben

Gehen Sie Ihren Text am Schluss noch einmal sorgfältig durch. Am besten in drei Schritten. Prüfen Sie im ersten Schritt Logik und Folgerichtigkeit. Redigieren Sie den Text im zweiten Schritt sprachlich. Streichen Sie dabei alle überflüssigen Wörter. Checken Sie im dritten Schritt Rechtschreibung und Zeichensetzung sowie die Fakten (Stimmen die Zahlen? Sind die Namen richtig geschrieben?).

Ihr Transfer in die Praxis

- Fertigen Sie vor jedem Schreiben eines Texts eine Übersicht mit den W-Fragen an und notieren Sie darin alle Antworten. So vergessen Sie nichts Entscheidendes, wenn Sie den Text schreiben.
- Definieren Sie immer den Küchenzuruf Ihres Texts. Überprüfen Sie, ob alle Fakten und Inhalte zu Ihrem Küchenzuruf passen.
- Halten Sie sich außer bei nichtnarrativen Texten an die umgekehrte Informationspyramide. Notieren Sie sich dazu die Fakten, die Sie im Text unterbringen wollen, und ordnen Sie sie nach ihrer Hierarchie. Das Wichtigste kommt zuerst.

Kluge Bücher

Jetzt bestellen: springer-gabler.de

Noch mehr kluge Bücher

Jetzt bestellen: springer-gabler.de

The manufacturer's authorised representative in the EU is Springer Nature Customer Service Centre GmbH, Europaplatz 3, 69115 Heidelberg, Germany. If you have any concerns regarding our products, please contact ProductSafety@springernature.com

Printed and bound by CPI Group (UK) Ltd, Croydon, CR0 4YY
23/03/2026
02076461-0006